JN077314

ACP
（アドバンス・ケア・プランニング 人生会議）
を考える

在宅りはびり研究所
代表　理学療法士

吉良 健司

近年、高齢社会の進展に伴う多死や度重なる自然災害、有名人の他界、コロナ感染症による身近な死への恐怖等を通して、それぞれの人生の捉え方を見直す機会が増え、結果、生前整理やエンディングノート等の自分らしい人生の終え方について、前向きに捉える社会意識が生まれている。その中で最も注目されているのが、厚生労働省からも提唱されている ACP（アドバンス・ケア・プランニング 人生会議）である。自分がどのように病気や障害・老いを捉え、どのように自分らしく生き、どのように自分らしく人生の最後を迎えたいか、本人を中心に家族や医療・介護関係者等で共有し進める在宅ケアの流れが注目されつつある。

しかし、一方でデリケートなテーマでもあるため、2019 年に厚生労働省が、人生会議の啓発用に作ったお笑い芸人の広報ポスターが、不謹慎であると患者団体等からクレームが入り、わずか 1 日で撤回されたといういわゆる炎上事件があった。これは、日本において ACP を進めるには、未成熟な社会や価値観が強いためではないかと考える。

厚生労働省が、5 年毎に実施している「人生の最終段階における医療に関する意識調査」の平成 29 年度報告書においては「あなたは、人生の最終段階における医療・療養についてこれまでに考えたことがありますか。」の質問に対し、59.3％の一般国民があると答え、ない人は 37.8％であった。一方「あなたの死が近い場合に受けたい医療・療養や受けたくない医療・療養について、ご家族等や医療介護関係者とどのくらい話し合ったことがありますか。」という質問に対

し、詳しく話し合っている 2.7%、一応話し合っている 36.8%、話し合ったことはない 55.1%で、過半数の人が話し合っていない現状がある。

　つまり、必要だとは思っているが話し合えていないのが現状で、その理由はいろいろあると思われるが、日本の国民性によるところが強いと感じる。

　現在の日本人の国民性は、1945 年以前の大日本帝国憲法下では全体主義的な教育や文化、社会が大きく影響している。個性を育むと言いつつ、全体性を重視した教育や社会は、個性を前に出すことに対して必ずしも寛容ではない。ACP は、欧米諸国から発展してきた概念であるが、欧米はもともと多様な民族からなり、個性の主張がなければ国や民族のアイデンティティが消滅するため、個性や自己主張は大切なこととして子供時代から教育を受けている。

　「先生にお任せします」という戦前・戦中世代の価値観は時代とともに薄れ、日本においても団塊の世代を起点に「私はこうしたい！」という個性を容認する社会に変化している。今後、段階的に自分の価値観を家族や周囲に明確に伝える社会が広がってくることは間違いない。

　そこで、今回の特集では ACP について全体像を確認し、各職種の実践や課題、訪問療法士に求めることについて事例を交えて報告していただく。

　この特集を通して、訪問療法士が ACP へのよりよい参画を果たし、在宅ケアの一助となることを期待したい。

contents

在宅医の立場からみた ACPについて

医療法人 地塩会 南国中央病院 副院長 医師

宮本　寛

1 人生の最終段階における医療の現状

　厚生労働省によると、ACPについては、以下のように定義・提案されている。

　死期のいかんではなく、最期まで尊厳を尊重した人間の生き方に着目した最適な医療・ケアが行われるべきだという考え方により、厚生労働省は、2017年3月に「終末期医療」を「人生の最終段階における医療」という表現に改めた。

　そして、人生の最終段階における医療・ケアについて、本人が家族等や医療・ケアチームと繰り返し話し合う取り組み「ACP（(Advance Care Planning) アドバンス・ケア・プランニング)」について、2018年11月30日に、愛称を「人生会議」に決定した。人生の最終段階における医療が適切に進められるためには「人生会議」を開催して、本人の意思を確認し、家族やかかりつけ医を含む日常的にかかわる医療関係者（救急隊も含む）らの意見も交えて、予め方針を決定しておくことが望ましいとしている[1]。

　ACPのポイントとなるのは、本人・家族や近しい人、医療・ケアチームの三者で繰り返し話し合うことである。なぜなら、状況に応じて本人・家族の意思は変わりうるものであるし、その変化は本人の意思確認ができるぎりぎりの状態まで続くからである。

　しかし、この話し合いの場をもつことについては、以下の3点に分けて検討する必要がある。

　まず、第1点は、平時において話し合いを持つことの困難さである。第2点は、人生会議などを持ったことのない患者が、入院をして生命の危機に直面するような段階で、治療方針についての意思決定をするときの困難さである。第3点は、家族は必ずしもまとまっていない場合があり、本人の意思決定の妨げとなる場合さえ起こりうることである。

　現状としては第2点に課題が多く、それぞれ次のような具体的な問題を抱えている。

（1） 平時に話し合いを持つことの困難さ

　日常の訪問診療の中で、かかりつけ医が急にその話題に触れることは困難であり、また、話し合いの場を設定するケアマネジャー等による調整により機会を得るとしても、それがいつ行われるのが適切かを決定するのは困難である。

課題1 どの段階で人生会議を行うか

（2） 生命の危機に直面した段階で、意思決定する困難さ

　過去に人生会議をしているかいないかにかかわらず、特に入院中の患者に関して行われている面談については、実際には以下の点で困難を伴い、実践が困難である。本人の「延命治療は希望しない」との意思表示は、ある程度は事前になされていることもある。しかし、本人の意思疎通が困難となった時に、家族と面談する中では「延命治療」という言葉が使われても、その内容が不明瞭なことが多い。経管栄養、挿管、人工呼吸器、心肺蘇生術など、より重度になっていく医療行為のどの段階のものを指すのかが十分に話し合われないままになっていることがほとんどである。平時に人生会議を開いても、上記の各医療行為のどこまで踏み込んだ具体的な話し合いができるかがポイントとなる。しかし、平時に話し合いをしても、終末期に近い段階での医療行為の話は、具体的なイメージを持ちにくいことが多い。そのため十分に適切な意思決定もなされにくい。かといって、より具体的でイメージされやすいような説明は過度な不安をもたらすこともある。抜け落ちの無い適切な説明が必要である。

　日本医師会の「人生の最終段階における医療・ケアの決定プロセスに関するガイドライン」（2020年5月）の中では、「薬物投与、人工呼吸器装着、栄養補給などの措置が問題となること

もあるが、それらの措置の差し控え・中止は死につながる場合があるだけに、その決定には慎重さが求められる」としている。そして、さまざまな状況があり、その状況に応じた方針の決定方法が提案されてはいるが「決定の場に家族等がいる場合には、家族等による確認、承諾、了承は文書によることが基本となる」とされている。

　しかし、往々にして「素人ではわからないので、先生（医師）のご判断にお任せします」と、最終的に家族から言われることも多く、事前の本人の意思が十分に反映されたものかどうか不明瞭な場合もある。本来は本人の価値観を中心に据えて穏やかな最期を迎えることを目的としていても、期せずして心肺停止状態となった場合に心肺蘇生術（CardioPulmonary Resuscitation；CPR）を行うか否かの説明をする必要もある。脳死や植物状態となる可能性や、脳への血流が停止した時間に依存するさまざまな程度の高次脳機能障害の残存など、十分なイメージができないこともある。その後の本人のADLがどのようなものになるのかは、最重度の場合から最軽度の場合まで多岐にわたる。より重度の後遺障害を抱えて生き長らえることの説明をした場合には、それでも積極的治療を行うことを希望する家族も存在するし、自然な経過の死として受け入れる家族も存在する。CPRをしない選択肢も立派な治療方法のひとつであることの説明が十分でないと、家族は自分が見捨てたために死んでしまったという感情を持ちかねない。家族側の心のケアも含め、予想外の急変の場合の対応方法についても十分な話し合いをしておくことが望ましい。

課題2 終末期の医療行為についての具体的イメージを家族が持てない場合に、どう対応するか

（3）家族の意見がまとまっていない

　家族が複数いるため、どの家族がキーパーソンとなるのかの問題や家族間での調整の問題がある。キーパーソンとなる家族を中心にまとまりのある家族もあれば、音信不通ならまだしも、分裂・対立する家族関係の場合もあり、容易に決定できない場合がある。

　家族の問題を考えるときに、日本社会では抜け落ちてしまっている視点があり、それについてもコメントする必要がある。人生会議における家族の概念の中に、性的少数者のことが考慮されていない場合があるのではないかと考えられる。特に同性愛者で、パートナーとして、本人にはかけがえのない存在であるにもかかわらず、周囲の者、特に本人と血縁関係者が、その同性パートナー等を否定的にとらえ、お見舞いや臨終の場に立ち会うことができないということが実際に起こっている。本人がその同性パートナー等を代理意思決定者と考えていても、それを認めない周囲の家族が存在する場合もある。そして、家族からの要請に応じて、医療関係者が同性パートナーの面会などを禁ずるのは、立場上やむを得ない場合があるとしても、その時の対応の仕方が偏見や差別のにじみ出る、あるいは露骨に表現するものであってはならない。

課題3 家族間の調整をどのようにするか（性的少数者を含む）

2 対策

（1）日本医師会の立場と提言

　日本医師会では、ACP（Advance Care Planning）とは、将来の変化（意思決定能力の低下）に備え、将来の医療及びケア、代理意思決定者について、本人を主体に、そのご家族や近しい人、医療・ケアチームが、繰り返し話し合いを行い、予め本人による意思決定を支援するプロセスのこととしている[2]。

　つまり「①あらかじめ代理意思決定者（意思表示できなくなったときに、自分の代わりに判断してくれる人）を選定し、②患者と代理意思決定者が、病状を共有したうえで、患者が生活や療養で何を大切にしていて、何を希望しているかを話し合い、③それを医療者とも共有していくことで、たとえ患者が終末期に意思決定能力を失っても、代理意思決定者は医療者とともに、直面する複雑な医療状況に対応することが可能になるとされている。この①〜③のプロセスこそが、ACPそのものである。ACPを行うことで、終末期における患者の希望が尊重され、遺族の満足度が高く、遺族の抑うつ、外傷後ストレス症候群や不安障害が減少することが明らかとなっている」とし、ACPに際しての心構えとして以下の7項目を挙げている。

（1）患者・家族等の生活と価値観を知り、
患者にとっての最善の選択をともに探索する

　患者にとって最善の医療を行い、心の負担を最小限にするためにも、患者・家族等とともに意思決定を行う。患者の今までの人生の過ごし方、生活、価値観などについて共有し、治療やケアのゴールを明確にし、「これからどのように過ごしていきたいか」を話し合う必要がある。

訪問療法士に期待すること；
この点においては、日常的に生活場面にかかわる訪問リハビリテーションの療法士が最も把握しているところであり、人生会議においては、積極的に本人・家族と医療関係者との橋渡し的な役割を期待するところである。

(2) ACPを円滑に行うために、最善を期待し、最悪に備える（Hope for the best, Prepare for the worst）コミュニケーションを心がける

　人生会議において「もし悪くなったらどうするか」だけが話の焦点となり、患者にとって悪い話題ばかりになることを避けるためには、早期から一貫して、患者の最善を期待し、患者が現在大切にしていることや、希望が最大限達成できるような支援やコミュニケーションを行う一方で（あってほしくはないけれど）最悪の事態を想定し、「もしものときにどうするか」について、患者の考えや価値観、具体的な選択肢を話し合うことが重要である。

訪問療法士に期待すること；
現在患者が大事にしていることを、日ごろから聞き、その実現に向けてリハビリテーション計画を立てることが訪問リハビリテーションに求められる。また、このような最悪の状況についての話し合いをした後の利用者の精神心理状態を観察し、状況に応じた共感を示したり、支援者に報告・相談・連携することが期待される。

(3) あなたのことを心配している、支援したいと考えていることを直接伝える

　患者と今後のことを話し合うときに、「今の状態でずっとよい状態でいられることを願っているけれど、もしかすると、可能性として、病気が進行することがある。そうなったときの○○さんのことが心配になっている」ということを率直に伝えることを推奨している。

訪問療法士に期待すること；
情報は直接伝えることも有効であるが、「主治医が○○さんのことを心配していましたよね」という言い方で第三者的に伝えることも、直接的伝達に劣らず有効であることを念頭において、訪問リハビリテーションの療法士の口から伝えることも勇気づけることになると考えられる。

(4) 代理意思決定者とともに行う

　終末期においては，患者の意思決定能力がなくなり、代理意思決定者と意思決定を行わざるをえなくなることがある。しかしながら、代理意思決定者の多くは患者とあらかじめ病気やその治療について話し合っていないことが多い。なぜなら、患者も家族等もお互いの負担になることを避けたいと考えるあまり先送りしてしまう傾向があり、結果的に、患者の背景にある価値観が代理決定者と共有されないこともある。

訪問療法士に期待すること；
代理意思決定者となりうる家族と最も頻回に会えるのは訪問リハビリテーションの療法士であることが多いと考えられ、患者だったらどう判断するかという話題を上手に提供できる状況を作り出すことが期待される。日常生活の場でインフォーマルなACP（患者と代理意思決定者の価値観の共有）が継続的に行われることにつながる。

(5) 「もしも」のときについて話し合いを始める—経験を尋ね、探索する

利用者と話をするときには多くの患者は、辛い現実と直面する不安や、家族に心配をかけたくないという思いがあり日本医師会が推奨している下記のような表現を参考にするとよいと思われる。

● 「万が一のことを考えてお聞きするのですが、病状がもし進行してしまったらどうしようと考えることはありますか?」
● 「今はもちろん問題ないと思うのですが、もしも病状が進行して、身の回りのことができなくなったらどうしようと考えたことがありますか?」
● 「もしよかったら、どんなことを考えたかを教えていただけますか?」「それは、どうしてですか?」「そのことについてご家族で話し合ったことはありますか?」

などである。コミュニケーションのなかでは、つねに患者の感情に注目し、つらそうな表情や行動があったらそこで中止し、話題を変更する。

> **訪問療法士に期待すること;**
> 特にADLに関係する内容は訪問リハビリテーションの療法士が最も適切に相談を受け、助言をすることができる領域でもあろう。ADLを切り口として、徐々に話の焦点をさまざまなことに移し、広げていくことが望ましいと考えられる。

(6) 「大切にしていること」「してほしいこと」「してほしくないこと」、そしてその理由を尋ねる

実際に病状が進行した場合に「どこでどのように過ごしたいか」「どのような治療を望むか」について話し合うときには「してほしいことや」「大切にしたいこと」だけでなく「してほしくないこと」についても話し合い、その理由と背景にある価値観を患者—代理意思決定者—医療者間で共有することが肝要である。

具体的な希望や選択の背景にある「価値」を共有すると、複雑な臨床現場で起こる意思決定において貴重な道しるべとなる。実際には、以下のように尋ねる方法がある。日本医師会の推奨する会話としては

● 「○○さん、これからの生活で一番大切にしたいと思っていらっしゃることはどんなことですか?もしよろしかったら教えてください」
● 「今後治療やケアを受けていくうえで、これだけはしたくない、してほしくないということがありますか?もしよければ具体的に教えてください」
● 「そうですか、そうお考えになる理由をよろしければ教えていただけますか?」

> **訪問療法士に期待すること;**
> 日常的に長期間かかわってきたスタッフだからこそ本音を話してもらえるような関係を、元気なうちから構築するよう期待したい。1回のサービス提供時間は数十分ある。打ち解けた会話をしつつ、日ごろの利用者の考えていることを把握し、家族ではとらえきれない第三者的な視点での把握をすれば、反対に、利用者本人や家族には気づきえなかった視点を返すことも可能である。医療関係者の言葉は、自分自身が思っている以上に影響力を持っていると自覚することが望ましい。

(7) 自分だけで抱え込まず、看護師やソーシャルワーカーをはじめとするメディカルスタッフや緩和ケアチームに相談する

　患者―医師関係がよい医療者ほど、患者の受ける気持ちのつらさを慮って、悪い知らせ（治癒が困難なこと、予後、終末期の療養場所など）を伝えることをためらう傾向にある。このようなときには、看護師をはじめとするメディカルスタッフ、地域のがん診療拠点病院の緩和ケアチームの力の活用が、医師に対して提唱されている。

訪問療法士に期待すること；

患者に最も近距離で接触しながら過ごす時間が長いのは療法士であることを考えると、日ごろから十分なラポールの形成も行われている可能性が高い。訪問リハビリテーションの処方箋を作成したかかりつけ医との連携において、単に指示を受ける立場ではなく、医師にできないことを補完する対等な関係の構築をしておくことが望ましい。

　これらの7項目を日頃から心がけて訪問することが、ACPの一環ともいえるし、また人生会議を開催するための準備段階として利用者やその家族の気持ちを整理しまとめることになると考えられる。

（2）課題と対策

　ここで、最初に挙げた課題に対する対策を考察する。

課題1 どの段階で人生会議を行うか
対策1 Surprise question 及び SPICT の活用

　日本医師会の提唱として、以下の2つの方法が挙げられている。

1-サプライズ・クエスチョン

　「この患者さんが1年以内に亡くなったら驚くか？」と医師自身が自問自答し、「驚かない」と思うのならば、緩和ケアの提供を始めたほうがよい、とするものである。複数の調査で、サプライズ・クエスチョンの感度は60〜70%、特異度が80〜90%とされている。

2-（Supportive and Palliative care Indicators Tool；SPICT）

　SPICTは、緩和ケアアプローチを提供することでメリットがあると思われる患者の同定をサポートするツールである。進行がん、呼吸器疾患、心・血管疾患、神経疾患、認知症、肝疾患、腎疾患をもつ患者、虚弱状態にある患者、在宅で医療依存度の高いケアを受けている患者を対象としており、全身状態の悪化を示す全般的な指標と、進行した状態を示す臨床指標が含まれる。

　上記の2つの方法を用いて人生会議を行うことを検討する時期であると考えることができる。

課題2 終末期の医療行為についての具体的イメージを家族が持てない場合に、どう対応するか
対策2 POLST の活用[3]

　「日常の医療ケアの実践から生ずる倫理的問題に対して広く関連分野との連携を図りながら、患者の視点と現場の実践に基づいた立場から対処し、よりよい医療の実践を目指すことを目的とする」として2012年から設立されている日本臨床倫理学会が提唱している「生命を脅かす疾患」に直面している患者の医療処置（蘇生処置を含む）に関する医師による指示書（Physician Orders for Life Sustaining Treatment；POLST)」というものがある。その中には、まず冒頭に、心肺停止の際に心肺蘇生術をしないという患者の意思に沿って、医師が出すDNAR指示（Do Not Attempt Resuscitation Order）というものに関して記載されている。セクションAには心肺停止の場合として、すべての心肺蘇生術を実施するか、心肺蘇生術を実施しないかの選択肢があり、患者の意思に沿ってチェックされるようになっている。セクションBには心肺停止でない場合についての選択肢があり、そこには救急隊への指示として、生命維持のための病院への搬送を患者が望んでいないことを記載している部分もある。また苦痛緩和、非侵襲的医療処置、侵襲的医療を含む処置のいずれを選択しているかもチェックされる。セクションCにはその他の医療処置として、経口的水分栄養補給、抗生物質および血液製剤、人工透析の実施の有無の選択肢がある。セクションDには患者による事前指示の有無や代理判断者の有無及び氏名まで記載される。セクションEには変更・更新（確認）した日も記載される。この書式は患者本人・代理判断者・医療従事者の間でインフォームドコンセントがなされて記載されるもので、人生会議に用いる資料としての内容を満たしている。

課題3 家族間の調整をどのようにするか（性的少数者を含む）
対策3 十分な知識を持った医療従事者が第三者としての適切な調整を行う

この問題を解決するためには、家族への第三者的かかわりによって医療従事者が適切な介入をすることも必要であり、特にソーシャルワーカーやケアマネジャーを窓口とし、必要に応じて医師が医療知識についての解説をすることで、本人の意思を尊重することを着地点とした

話し合いにすることがひとつの案であろう。

また家族のみならず、医療関係者などの支援者全体が性的少数者に関する正確な知識を持つ必要がある。性的少数者というと、比較的若い年齢層をイメージすることもあるかもしれないが、歴史的な事実や医学的諸説から考察しても、古今東西、人口の一定割合は存在していたことが考えられるため、高齢者の性的少数者も当然存在する。また、日本社会の特徴から、自分自身が性的少数者であることをひた隠しに隠して生きてきたことの方が一般的であろう。

このことを理解するために必要最小限の、性的少数者についての基本的な知識を以下に記載する。

そもそも、人間の性には以下の4つの要素がある。

「**性的特徴（Sex）**」：身体の性のことで、生物学的性別である。性染色体、性ホルモン、性器の形状等で客観的に定義できる場合が多い。一般的に出生時に、この特徴によって男女に分類されている。性染色体、性腺、解剖学的性のいずれかが先天的に非典型な状態で、性器が男女の区別がつきにくい場合には性分化疾患と呼ばれている。

「**性自認（Gender Identity）**」：自分がどの性別であるか、または、ないかということについての内面的・個人的な認識。持って生まれた自然な心の在りようで、自分では選択できない。

「**性的指向（Sexual Orientation）**」：どの性別に対して、恋愛感情や性的欲求を持つかということ。「指向」とは自分では変えることのできない、持って生まれた気持ちであり、趣味や娯楽のような「嗜好」と混同しないことが重要。持って生まれた自然な心の在りようで、自分では選択できない。

「**性表現（Gender Expression）**」：個人の服装、

髪型、装飾品、化粧を含む身体的外観、動作、話し方、振る舞い方、名前および身分証明による自己のジェンダーの表象。

　個人の性自認と一致する場合もあれば一致しない場合もある。

　これらの性の要素を踏まえたうえで性的少数者への理解を深める必要がある。性の要素を組み合わせるといわゆる「男性」というのは、身体の性は男性、性自認は男性、性的指向は女性である。いわゆる「女性」というのは、身体の性は女性、性自認は女性、性的指向は男性である。

　LGBTという言葉が、数年前からマスコミ等で人口に膾炙し始めている。

　Lとはレズビアン（Lesbian）の頭文字をとったものである。女性同性愛者のことで、女性に対して恋愛感情や性的欲求を持つ女性。身体の性は女性、性自認は女性、性的指向は女性である。

　Gとは、ゲイ（Gay）の頭文字をとったものである。男性同性愛者。男性に対して恋愛感情や性的欲求を持つ男性。身体の性は男性、性自認は男性、性的指向は男性。

　Bとはバイセクシュアル（Bisexual）の頭文字をとったものである。両性愛者。男性に対しても女性に対しても恋愛感情や性的欲求を持つ人。身体の性は男性または女性。性自認は身体の性と一致。性的指向は男性・女性両方。

　Tとはトランスジェンダー（Transgender）の頭文字をとったものである。生まれた時に割り当てられた性別とは異なる性別で、または性別に捉われず生きようとする人。身体の性と性自認とが一致していない人。

　性の要素の組み合わせや種類はこれ以外にも多数あり、また明確に線引きできるものではなく連続的なものである。LGBTに当てはまらないこれらの性的少数者のことをQ+とひとまとめにして表現することが一般的である。

　例えば、Lの同性パートナーの一方が事故や病気で医療機関に入院したときなどには、医療機関の職員が性的少数者に対する正確な知識を持ち、適切な対応ができないと「お見舞いができない」「臨終の場に立ち会えない」などのことが実際に起こっており、ACPの場に参加できていないことがあることも十分に考えられる。

　最新調査によると性的少数者の人口割合は、約10%である。2019年5月時点で、日本人の姓の中で、佐藤、鈴木、高橋、田中、伊藤、渡辺、山本、中村、小林、加藤の姓を持つ人たちが人口の約10%である。それを考えると、表面化していないだけで、実は利用者・患者の中にもこれらの姓と同じパーセンテージで性的少数者が存在していることになる。しかし、多くの日本人はその事実に気づいておらず、存在しないかの如く振る舞い、制度面でもまったく配慮されていないことも多々ある。各種書類の性別欄などがその典型である。日本は2008年〜2017年の間に国連機関から性的少数者への差別の撤廃と諸制度の改善に関して合計8回の勧告を受けている。

表1	カミングアウトを受けたときの対応方法
傾聴と共感	周囲に聞かれない環境にして、最後まで聴く。「一緒に考えて行こう」と共感を示す。
勝手に決めつけない	「思い過ごしだ」「そのうち治る」「女性を好きな女性ならレズビアンだ」「他の人には言わない方があなたのためだ」などはダメ。
感謝する	信頼して打ち明けてくれたことに「ありがとう」を言う。
理由と目的を聴く	①知ってほしい型か ②困っている型か 　により対処法が異なることもある。
ゾーニング	①すでに誰が知っているのか ②困難解決を望む場合は、「誰に」「どんな相談を」「どのようにすべきか」を本人と話し合いながらセクシュアリティの情報公開範囲を確認し、本人の同意が得られた時のみ同意の範囲の他者のみに公表し協力を求める。 アウティングに要注意。
専門家につなぐ	より専門的な対応のできる集団や窓口を本人に紹介する。本人の同意なしに勝手にそれらの専門家にアクセスしない。

訪問療法士に期待すること；

今、接している利用者が、あるいはその家族や支援者の中にも実は性的少数者がいるかもしれないとの意識を絶えずもつことが重要である。そして、性的少数者への配慮をする気持ちをもち、もしも、利用者から、自分が性的少数者であることを告げられた（カミングアウト）場合の対応方法についても十分に知っておくべきである。カミングアウトという行為は信頼できる相手にしかできないものであり、その信頼を裏切らないことが重要である。絶対にアウティング（他に知られたくない個人情報を、本人の承諾なしに第三者に漏らす行為。性的マイノリティの場合、当事者の性的指向、性自認の、性別違和の人が性別変更したこと等の情報を漏らすこと）をしないように注意すべきである。もしも、支援者間での情報共有が必要と考えられても、本人の同意なしに、他の支援者に相談してはならない。

3 まとめ

訪問リハビリテーションの療法士の最大の特徴は、家庭生活の中に入り、家族とも頻繁な交流があり、時間的にも他の職種よりも長くかかわっていることである。人生会議においては、本人・家族との信頼関係を活かして、他の医療従事者に適切な橋渡し役をすることができる立ち位置にいるといえる。単に狭義のリハビリテーションを行うだけではなく、利用者の生活・人生全体に絶えず関心を払い、本来の意味のリハビリテーションを実行すれば、人生会議において十分な役割を果たすことができるものと考えられる。

引用・参考文献
1)厚生労働省
　https://www.mhlw.go.jp/stf/newpage_02783.html
2)「新版がん緩和ケアガイドブック」東京都 監修 公益社団法人日本医師会2017年3月31日,P95-97
3)日本臨床倫理学会.日本版POLST(DNAR指示を含む)作成指針 2015年. http://square.umin.ac.jp/j-ethics/workinggroup.htm
○薬師実芳,笹原千奈未,古堂達也・他,「LGBTってなんだろう？」,発行者上野良治,2017年3月30日,P100-101

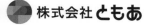

在宅看護師の立場から見た ACPについて

在宅におけるエンドオブライフ・ケア実践を支えるアドバンス・ケア・プランニング

一般社団法人高知在宅ケア支援センター　総括管理者
在宅看護専門看護師・主任介護支援専門員
安岡しずか

1 はじめに

当事業所の紹介

　2021年は新型コロナウイルス感染症対策で在宅医療の現場は従来とはまた違った様相を呈している。我々の事業所は現在一般社団法人として訪問看護ステーションをはじめとし、居宅介護支援事業所、相談支援事業所、訪問介護事業所を展開している。訪問看護ステーションは、看護職12人（常勤換算10.3名）リハビリ職10人（常勤換算9.5名）（PT 7・OT 1・ST 2）計22人（常勤換算19.8名）の人員のなか、利用者200名程の訪問を実施している。

　訪問看護事業所の特徴として、がん療養者、ALS等の進行性神経難病の療養者や医療的ケアを含む小児への対応依頼が多く、2021年の新規利用者受け入れ平均11.8名/月、（新型コロナウイルス感染拡大前　平均8.3人/月）、終了者平均9.8名/月（新型コロナウイルス感染拡大前平均6.3人/月）、自宅看取り平均3名/月（新型コロナウイルス感染拡大前　平均2.1人/月）となっており、コロナ禍での在宅移行、特に"自宅で最期を過ごしたい"と急な退院調整が増えている。新型コロナウイルス感染拡大は、医療機関での面会制限等により療養者・家族の療養の場への意思決定に影響されている現状を実践の中で実感している。

2 エンドオブライフ・ケアについて

　在宅ケアに携わる訪問看護師は、医療保険制度・介護保険制度等の利用により幅広い年齢層のさまざまな疾患や障害を抱える療養者・児に関わっている。在宅ケアは、それら多様な人々の各々の価値観や生活信条、家族や社会とのつながりを軸に支援が展開し、その人の望む生活に沿ったサービスを調整しやすい場である。

　地域包括ケアシステムの目的は、当初、高齢

者の尊厳の保持と自立支援として"施設や病院ではなく住み慣れた地域で暮らしたい"と願う高齢者は多く、それらの意思を尊重しながら十分な支援を行なっていくための仕組みであり、住み慣れた自宅で最期まで過ごすための体制構築が急がれている。従来のがん患者の疼痛・症状管理に焦点化した「緩和ケア」や終末期に特化した「ターミナルケア」だけでは十分ではなく、よりよい最期を支えるため、多職種協働の支援体制により社会的課題も含め全人的ケアが提供されるよう、人生の終焉、本人、家族にとってかけがえのない時間、生きることを支えるケアとして、エンドオブライフ・ケアが発展してきた。

3 エンドオブライフ・ケアとアドバンス・ケア・プランニング

エンドオブライフ・ケア(以下、EOL)とは、「診断名、健康状態、年齢に関わらず、差し迫った死、あるいはいつかは来る死について考える人が、生が終わるときまで最善の生を生きることができるように支援すること」[1] と定義されている。そして、EOL実践のための構成要素として、①疼痛・症状マネジメント、②意思決定支援、③治療の選択、④家族ケア、⑤人生のQOLを焦点化、⑥人間尊重について捉え、その人に関わる者全員で療養者の最善について考え、関係者全員で共有し、合意形成する。それは個人的な活動ではなく、チームで組織的に実践していくことが重要であるとされている(図1)。

普段、療養生活の場に関わる訪問看護師は、療養者・家族の価値観や目標を理解し、療養者本人の望む今後の生き方や治療・ケアに関する思いに触れやすい。そのため、看護師が話し合いのプロセス(アドバンス・ケア・プランニング:ACP)における本人の代弁者となることも多くある。EOL実践を行う上で重要なアプローチ方法のひとつである、アドバンス・ケア・プランニング(以下、ACP)を、看護職の立場で考えてみる。

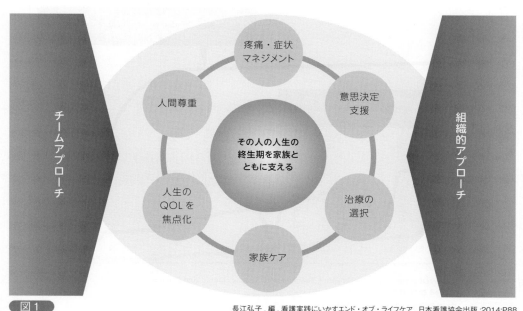

図1

長江弘子, 編. 看護実践にいかすエンド・オブ・ライフケア. 日本看護協会出版 ;2014:P88

看護においてEOL実践を必要とする場面はさまざまあり、死を連想させるような疾病の診断・告知や、疾病の再発・進行、治療の中止と今後の方針等の説明、加齢による身体・精神機能等の衰退を自覚したとき、退院支援、調整の場面など、抗うことのできない老いや病い等で暮らし方や生き方を変えざるを得ない状況に遭遇する場面が挙げられる。看護職はそれらの際に同席することも多いが、単に決定事項の確認ではなく、本人・家族が最善の選択ができるよう、その人の尊厳を守るための意思決定支援であるACPに関わっていく必要があると考える。

4 在宅療養を支える訪問看護師の疾病群別予後予測をふまえた意思決定への関わり

Lynnらの提唱した病の軌跡（図2）では、①がんは、全般的機能は保たれているが、最期の1～2ヵ月で急速に機能が低下することが特徴である。末期がんでは、あらゆる面で介護が必要となるのは最期の1～2ヵ月であることが多く、在宅医療によって症状緩和が十分になされ、家族がその間の介護等が可能であれば、自宅での看取りは十分可能である。しかし短期間ゆえに、家族やチーム全体で話し合える頻度も限られ、療養者の病状の悪化等で療養者、家族の不安や負担で揺れ動く。そのような中、頻度も多く関わる訪問看護師は、全人的苦痛の中で疼痛・症状マネジメントを実施し、苦痛の緩和を実践することで安楽な療養生活を保障していくように関わっている。療養者や家族の思いをくみ取り、支援者チームとの価値観の共有により、最期の時期に誰と、どこで、どのように過ごしていくのか、といった意思が尊重できるようにすることが重要である。

②呼吸器疾患や心疾患などの臓器不全では、急性増悪と改善を繰り返しながら、徐々に悪化する軌道をたどり、最期のときは比較的突然に訪

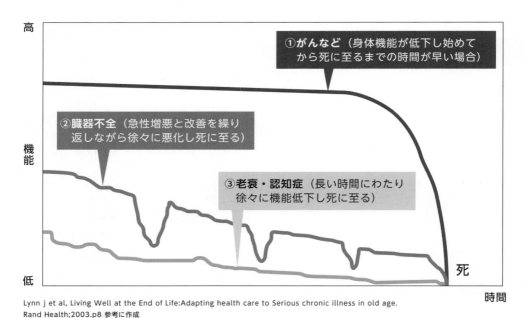

Lynn j et al, Living Well at the End of Life:Adapting health care to Serious chronic illness in old age.
Rand Health;2003.p8 参考に作成

図2 疾患群別予後予測モデル

れることが多い。急性増悪の度に入退院しながらADLが低下し、療養者自身が今までできていたことができなくなった喪失感や、ケアや介護が変化することでの負担が生じてくる。更に、今起こっている状態悪化が入院治療で改善が図れるか否か、終末期と急性増悪の区別が難しく、在宅看取りの判断が困難となることも多い。どの局面においても、訪問看護師は、病状の急激な変化への対応として関わることが多いため、療養者自身が、今後どのように過ごして行きたいか、治療への選択も含めた意向を確認しながら対応している。療養者の意向を踏まえて、医師からの病状説明により必要時には医療処置や医療機器の導入に関する検討も生じる。医療ニーズが高くなった場合でも、療養者家族が望めば療養生活におけるさまざまな選択ができるように意思決定支援が必要となってくる。病状に対する予後を見据えて、訪問看護師は療養者・家族それぞれが十分に納得できるように、医師やケアマネジャー等と連携しながら、意思決定支援についてチーム間で話し合い、状況の変化に伴った支援体制の構築と、療養者の病状を理解した中での支援を展開するために、随時相談できるチームとして機能するためにチームメンバー間の信頼関係を構築することが必要であると考える。

③認知症および老衰は、緩やかにスロープを降りるように機能が下降していく軌跡をたどる。例えば、アルツハイマー型認知症では、発症してから約10年と長期間かけて緩やかに機能が低下し、大脳全体が高度に委縮し死に至る。この間、中核症状の進行や、BPSDがみられる時期を経ながら、重度期になると意思疎通困難となり更なるADL低下、コミュニケーション機能の低下、嚥下機能の低下が進行してくる。老衰や認知症で摂食障害の出現など

が生じた場合、食事が摂取できないことは生命予後に直結するため、口から食べる方法以外で対処することがある。胃ろう造設や経管栄養への選択についての意思決定もあれば、輸液を実施することもあり、家族の思いで輸液等医療的処置を希望したことで、逆に苦痛を与えてしまうなど、療養者のQOLを低下させることにつながることがある。

　訪問看護師は、在宅での医療行為を実施していく際は、直接的支援や介護者への指導に関わることが多いため、家族やこれまでの療養者とのかかわりがあった支援者・チームメンバーの中での療養者の語りをもとに、療養者の抱いていた価値観に触れながら、療養者本人の最善は何かを随時チーム内で話し合い、療養者の尊厳を保つことを保障した中で、家族ケアを実践し、穏やかな最期につなげていけるようにする。

5 事例紹介

（1）がん末期療養者の在宅療養におけるエンドオブライフ・ケア事例

Aさん80代女性
K市の郊外にある住宅街で娘さん（60代）と2人暮らし。

・病名
　直腸がん、人工肛門造設、肺・骨・肝転

経過
　がん診療連携拠点病院で外来化学療法中に医療機関の相談室から、抗がん剤の副作用症状が強く、治療継続が危ぶまれる中、在宅での療養支援が必要となり訪問看護に相談。訪問時に副作用の状況として、食欲不振と食事・水分摂取困難となる程の口内炎のため医療機関に口内炎

治療薬処方を依頼し、口腔ケア等の対処を実施した。ケア等により症状は改善するが副作用のダメージにより食欲低下、体重減少とともに歯肉も痩せて義歯が合わず、お粥や流動食の形態の食事を少量のみで、主に栄養補助食品を摂取するような状況であった。家族と相談して義歯の修繕と口腔環境の改善を図る目的で、訪問歯科診療を利用し、歯科医師の迅速な往診対応で義歯の修繕が行われ、徐々に口腔内の状態が改善することで食事形態も改善し、抗がん剤投与以前の食事摂取が可能な状態に回復する。活動性も寝たり起きたりがやっとだった状態から活動性も上がり始めたが、副作用症状が強く表れたことで治療による弊害が大きいため、医師より、今後の治療継続は困難として、緩和ケアの移行と今後の療養の場について、Aさん・家族に説明。Aさんも、今回の治療が「かなりしんどかったので治療はしたくない。家でゆっくりしたい」と言い、家族としても「頑張ってきた母がこんなに（副作用が）辛い状態になるのは可哀想なので、緩和ケアをお願いして、できるだけ家で自分が看たいです」と在宅緩和ケアへの意向を示し、ケアマネジャーや在宅療養支援診療所との連携を図ることとなる。

安定期／生きる意欲が向上された時期

　治療が終了し、在宅での緩和ケアが開始となり、徐々に食事が三食摂取可能となったことで、ベッド上臥床から、食べるという行為を行うため食卓で過ごすようになり、食卓から見える菜園のある庭に出てみたいとの思いを表出。Aさんが「亡くなった夫と一緒に家庭菜園で野菜や花育てるのが楽しみだった」と語ってくれた。まだまだ起き上がりや立ち上がって動き出すのにも不安定で、治療による副作用等で体力、筋力がかなり低下していたため、下肢の筋力を向

上としんどさを軽減するため効率の良い動き方を習得しながら、目標に向けてのリハビリテーションが介入された。環境調整のため訪問看護ステーションからのリハビリテーションを開始し、食事も三食以外に、大好きなかりんとうドーナツも食べることができるようになった時期でやりたいことがひとつずつ可能となり、日々生きる意欲を向上させて穏やかな生活を取り戻すことができた。

　セラピストによる住環境の調整としては、居室周辺の福祉用具貸与中心から外出等生活圏拡大のための調整に至り、居室の環境では特殊寝台（3モーター）、褥瘡予防マット使用、ベッドサイドにはポータブルトイレ設置であったのを、ケアマネジャーと連絡を取り合いながら日中は自宅トイレを安全に使用できるように、福祉用具貸与でのトイレ用手すり設置をするなど、自宅内の生活が安全に行えるように配慮することで転倒などなく経過することができた。体力的にも徐々に回復されるなか、自宅から戸外への外出を希望し、活動範囲を広げていくこととなったが、自宅周辺の地理的環境として、比較的傾斜の急な坂道が続くことで、家族が気軽に車いす介助ができる環境ではなかったため、セラピストと福祉用具業者とのやり取りのなかで、アシスト付車いすを試乗し、無理なく移動できたため福祉用具貸与開始となった。

療養の場への意思決定支援／在宅支援体制強化〜看取りまで

　全身倦怠感、疼痛の増強が出現し、緩和ケア病棟への入院の検討もあったが、Aさんからは「気楽に居れるここ（自宅）で最期まで過ごしたい」との言葉が聞かれ、娘さんとしてもAさんの意思を尊重していく意向が確認できた。在宅緩和ケア実施のため、在宅療養支援診療所に

よる訪問診療が開始となり、疼痛に対し医療用麻薬開始、訪問看護、訪問薬剤指導を含めた在宅医療体制を整えて支援を実施。苦痛が増強していくなかで、医療用麻薬やステロイドを使用しながら疼痛・症状コントロールを図り、徐々にADL低下にて終日ベッドで過ごす状態となったため、褥瘡等の予防でエアマット導入。娘さんには会話の可能な間に会いたい人に会えるように促し、Aさんの思いを共に聞いてもらえる時間を持つように働きかけた。そして、Aさんの状態が変化することへの娘さんの不安に対し、訪問看護師が娘さんと一緒にケアに関わることで、家族の対応能力を高め、ケアへ参加している自覚によりAさんの状態の変化からデスエデュケーションを実施し、看取りへの準備性を高めていった。Aさんは、抗がん剤治療から在宅療養、在宅緩和ケアへと移行して約4ヵ月、娘さん家族と親族に囲まれながら自宅で看取りを行った。

Aさん・家族をとりまく在宅緩和ケアチームの中でのセラピストは、医療者の中でも、病状ばかりでなく、生活活動に対して関わることができるため、療養者の意向や希望に寄り添いやすい職種であると感じる。そのため、終末期の短い期間であるからこそ、本人の生活に対する意向とそのための関わりを家族やチームメンバーと共有し、残された時間をその人らしく過ごすための支援につなげられるような働きかけを期待したい（図3）。

がん診療連携
拠点病院
緩和ケアチーム

在宅療養支援
診療所

訪問看護
リハビリ

Aさん・家族をとりまく
在宅緩和ケアチーム

調剤薬局
薬剤師

訪問歯科診療

ケアマネジャー

福祉用具業者

セラピストの役割

抗がん剤治療から在宅での看取りまで約4ヵ月の期間
安定期における自宅内の生活から外出等生活圏拡大のための調整
Aさんの役割拡大や生きがい活動への支援

図3　残された時間をAさんらしく過ごすための支援

（2）ALS療養者のエンドオブライフ・ケア 病状進行に関わる意思決定支援を考える

B さん 50 代女性　要介護 5

家族構成 50 代の夫と 10 代の子 3 人

▪病名

ALS（球麻痺型）胃ろう造設

介入の経緯

　嚥下障害のため胃ろう造設したなかでの訪問看護介入開始となる。毎日午前中看護師による栄養注入、排泄ケア実施。セラピストは筋力低下に対し安全な環境調整の実施と、本人の強い希望により拘縮・筋萎縮は緊張緩和のためのリラクゼーションを実施していた。コミュニケーションでは、意思伝達装置は設置しているが、残存している機能で頷きや指差し等がかろうじて可能なため、意思伝達装置を用いるよりも頷きや文字盤の指差しでのコミュニケーションが多かった。病状進行に伴い、残存した機能を維持したいBさんの思いと、看護師やヘルパーの介護にかかる時間や介護負担感の増加、移動移乗にかかるBさんの転倒等のリスクも孕み困難性が高くなっていた。

　病状進行に対して、ケアマネジャーに状況を相談し、支援者間で課題整理を行うためのサービス担当者会が開催され、病状進行による筋力低下があるにも関わらず、現状として実施されているトイレ移動や入浴介助に関する支援内容に無理が生じてきており、特に頭部前屈による呼吸困難感も生じてきているため移動移乗方法に関してヘルパー・看護双方が困難性を抱く点が共有された。リハビリテーションの提供内容では、Bさんの希望もあってリラクゼーション等に偏っていたが、病状進行のなか、移動移乗介助困難となった現在のBさんの身体機能に合った安全かつ安楽なトランスファーの提案や

福祉用具等を活用した環境調整の検討を行い、サービス量や負担感の軽減を図ることでチームメンバーとの合意形成を求め、Bさん家族に提案していくこととなった。

　Bさんの要望を中心とした現状の支援内容が、病状の進行によりBさんの身体的負荷を伴うケアとなることを踏まえ、身体的負担が生じた場合、転倒等のリスクが生じ、骨折等の事態になれば医療機関搬送につながることを説明し、チームで話し合った現状に即した最善の方法を提案。「入院は絶対したくない」「家で過ごしたい」ということをしっかり意思表示されたため、Bさんはこれまでの方法から安全性の高い方法に変更していくことを了承された。

　進行していく病状に応じて、在宅医を中心にBさん家族へ随時、在宅療養生活でのリスクについて説明を行い、その時点でのBさんに合った支援内容や環境調整などを提案し対応していくこと、チームメンバー全員で支援の方向性を幾度も検討していきながら、Bさん・家族を含むチーム全体で納得できる体制を作りを保証していく流れとなった。

　支援体制の量としては、介護と障害制度を併用しサービスの幅が広がったことで、家族の負担感軽減につながり、夫の介護休暇取得も重なり家族の中での看取りに向けた支援体制が可能となった。

　病状進行で筋萎縮、筋力低下がさらに悪化し、ベッド上での生活が主となり、呼吸困難感増大するが、Bさんは当初より一貫して気管切開や人工呼吸器の装着を拒否しており、症状増悪しても意思は変わらなかった。そこで、呼吸苦に対して緩和治療としての鎮静について、関係者が集まったなかで説明し、Bさん、子供達を含む家族が合意。鎮静開始ALS患者の緩和ケアを実施するにあたり、在宅医と難病専門医の連携

でALS患者への鎮静についてチームでの支援体制が確保され、Bさんと家族それぞれの思いを組みながら、Bさんが希望する自宅看取りが行えた。

　進行性の難病患者への対応は、進行して変わりゆく局面の中、多様な課題に直面する。変化する支援体制や支援内容について予測を立てながらチームメンバー内で話し合い、随時情報共有しながら修正できるチームメンバーの関係性も重要であると考える。さまざまな資源を活用できるように日頃からの情報集約とネットワークづくりが必要となる。

　ALS等の神経疾患の方への介入は、徐々にできていたことができなくなることによる支援以上に、繰り返す喪失体験への精神的苦痛、更に病状の進行による生命予後への恐怖や不安に陥りやすい。難病等の療養者による病状進行における療養環境やケア内容の変化に対し、受け入れ困難な療養者への受容過程において、リハビリ専門職には、身体評価とともに動作環境への調整と本人の喪失体験に寄り添った精神的支援を依頼したい（図4）。

　在宅療養者は、病気や障害に伴い各々の環境のなかで、さまざまな決断をしなければならないことが多い。療養者を中心に、家族を含むケアチームが、支援者会議やサービス担当者会議等を利用し、日常の療養生活のなかで、先を見据えた将来の療養者の希望、思いをキャッチして意思決定していけるよう私たち在宅ケアに関わる者として価値観や死生観等の倫理的感受性を高めながら、チームメンバーで共有し、今後のケアに努めていきたい。

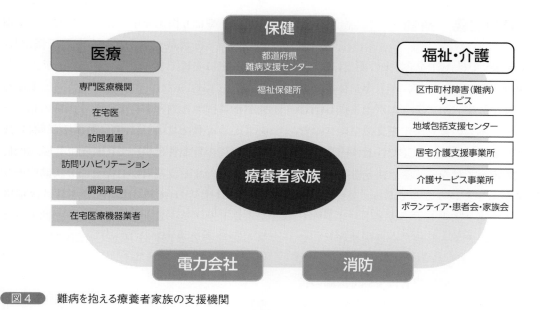

図4　難病を抱える療養者家族の支援機関

引用文献
1）長江弘子,編.看護実践にいかすエンド・オブ・ライフケア.日本看護協会出版;2014

参考文献
○角田ますみ,編著.患者家族に寄り添うアドバンス・ケア・プランニング.メジカルフレンド社;2019
○島内節,内田陽子,編著.在宅におけるエンドオブライフ・ケア.ミネルヴァ書房;2015

理学療法士の立場から見たACP

マリオス小林内科クリニック リハビリテーション科
科長 理学療法士
中田 隆文

1 ACPの定義 確認

日本医師会[1]ではACPを「将来の変化に備え、将来の医療・ケアについて、本人を主体に、その家族等及び医療・ケアチームが繰り返し話し合いを行い、本人の意思決定を支援するプロセスのこと」としている。ACPで注意すべき点は意思決定の内容ではなく、意思決定を支援するプロセスがACPということである。また医療・ケアチームの考え方として、ガイドライン[2]では医師をはじめとする医療・介護従事者としており、セラピストもACPに関わる可能性がある。しかし医師以外の医療者はすべて医師の指示で行動するため、またACPには生命維持に関する内容が含まれることから、患者の意思決定を最終的に確認し実行（指示）するのは医師でなければならない。一方で、医療・ケアチームの懸念[2]として、①強い医師の考えを追認するのみとなる懸念、②責任の所在が曖昧となる懸念が示されている。2つの懸念を緩和するためには、やはり医師を中心に、その対象者に関わる医療・介護従事者がチームとして機能し、意思決定に支援できることであろう。

ACPには医療だけではなく、ケア、すなわち生活に関する内容が含まれる。医師の指示を必ずしも必要としないケアに関する課題には、その実現の可能性についてICFを利用し、評価・計画・実行する支援者が必要となり、訪問セラピストは生活のACPに適任者である。医療者でもありケアチームとしても関わる訪問セラピストは、その専門性を活かしACPに関わるべきである。

2 訪問リハとACP

訪問リハにおけるACPは、ある程度の方向性が決定された、未確定の内容を含む途中経過のプロセスとして関わることが多い。すべての

対象者において在宅導入時の意思決定は見直しが不要とは考えにくく、在宅という環境で生活を継続することにより生じるさまざまな影響を受け、ACPを繰り返すことが必要となる。一方で、ACPがまったく行われていない状態で訪問リハが開始されることはあり得ず、開始するべきではない。訪問リハにおける最初のACPはかかりつけ医からの医学情報と興味関心シートを始めとする訪問リハ開始前の調査で行われ、訪問リハ実施計画書そのものである。

　訪問リハにおいても重要となるACPに生命維持に関する内容があるが、DNARや、どのような状況であれば、どの医療機関に入院（救急搬送）するか、といった情報は極めて重要である。しかし、訪問リハ開始時に、医師から在宅生活の安全確保のための条件（受診、処方遵守、療養上の注意点など）が設定・指導されたにも関わらず、本人の意思には曖昧である項目が存在することの事実は、長く訪問リハを経験したセラピストであれば不文律として理解されていることと信じる。

（1）訪問セラピストによるACPの実際

　ACPにセラピストが関わる場面としては医療機関内で、特に入院患者に関わるセラピストであれば、対象者の退院後の医療やケアについてのACPとして関わる事があるが、訪問セラピストが在宅でACPに参加する場面は筆者の経験からも限定的である。在宅ではACPの多くが医師と患者・家族間で行われ、そのACPに同席しなかった医療者・ケアに関わる者は意思決定された内容の情報提供を受け、治療や症状緩和のために、そして在宅生活の実現のため、各専門職が支援にあたることが多い。訪問セラピストのACPの実際は対象者の疾患や障害特性[3]によって特徴的な傾向がある。以下に訪問リハにおいて経験されやすいACPについて、代表的な疾患や状況を示す（表1）。

表1　疾患と環境因子による ACP のステップ

疾患名	末期がん	難病	認知症（終末期）	内部障害
ACPのステップ	意思確認 ↓ 症状（状態）確認 ↓ 予後とリスクを予測 ↓ 症状緩和とのバランスの検討 ↓ 可能な活動参加の見極め 実行方法の提案・準備 ↓ 実行 ↓ 再評価 ↓ 意思確認	意思確認 ↓ 症状（状態）確認 ↓ 予後とリスクを予測 ↓ 可能な活動参加の見極め 実行方法の提案・準備 ↓ 実行（症状の進行・変化に応じた準備） ↓ 再評価 ↓ 意思確認	介護者より意思決定の内容確認 ↓ 症状（状態）確認 ↓ 予後とリスクを予測 ↓ 介護者の負担軽減と合併症の予防 実行方法の提案・準備 ↓ 実行 ↓ 再評価 ↓ 介護者の意思確認	意思確認 ↓ 症状（状態）確認＋増悪リスクの評価 ↓ 予後とリスクを予測 ↓ 増悪の予防、早期発見の継続 ↓ 可能な活動参加の見極めと身体活動の構築 実行方法の提案・準備 ↓ 実行 ↓ 再評価（増悪予防と早期発見＋症状緩和） ↓ 意思確認

① 末期がん

訪問セラピストのACPは生活の実現と症状緩和に関する内容となる。末期がんの特性としては他の疾患と比較し、余命が数日から月単位と予想できる場合が多く、看取りの1、2ヵ月前より急速に生活機能が低下することが知られている[3]。看取り直前の対象者の活動は日単位あるいは時間単位でレベルが低下するため、このことをイメージしてケアを構築する。この場合の訪問セラピストのACPは予想される生活の変化に対して、対象者と家族の心情を共感し、具体的な対応方法を説明・提案・修正できることが前提となる。対象者だけではなく介護者の対応も刻々と変化する症状に対応しなくてはならず、ケアは難しいが期間は短いため、看取った家族の「やりきった」という満足が得られるためのACPも重要となる。症状緩和には積極的に薬物が使用され、さらに酸素吸入、痰吸引、補液などの医療行為・医療的ケアもあり、対象者と家族で症状緩和が図られれば、残された時間を大切にするための選択肢として家族以外のケア（サービス）を中止するようなACPもある。すべての対象者に訪問リハが必要とは限らず、残された時間をどのように過ごすのか、その意思決定に尊敬の念をもつ訪問セラピストの心構えが重要となる。訪問リハでは看取り数ヵ月前ではおもに活動と参加の実現に焦点をあて、看取り近くでは症状緩和と変化する生活の構築が必要となりやすい。筆者が経験した事例を紹介する（表2）。

表2 セラピストが関わるACP　実際の現場（事例1）

事例1
【末期がんで在宅看取りを希望。意思決定支援が困難であった事例】
40歳台、男性
胃癌、多発骨転移（末期がん）、鎖骨下CVポート、脊椎転移による対麻痺、要介護5
妻、小学生の息子2人の4人の住む自宅に両親が手伝いに来ていた

- ●X年に胃癌発症、外科的治療後、約2年の治療期間を経て末期がんの診断、在宅医療開始となり、同時に訪問看護、訪問リハ、訪問介護、福祉用具が計画された。在宅医療開始時に在宅看取りの意思は確認できていたが、ケアに関する内容に関しては不確定であった。
  自宅退院1週間後に、在宅のかかりつけ医の提案で本例に関わる医療者とケアスタッフによるACPが行われた。本人、妻、かかりつけ医、訪問看護師、訪問リハ担当者、介護支援専門員、訪問介護スタッフが対象者宅に集まり、かかりつけ医を中心にACPが行われ、在宅看取り（DNAR）、症状緩和に関する意思決定、在宅生活に必要な居宅サービスの利用の提案と意思確認が行われた。訪問リハのニーズは麻痺した両下肢の痛みと倦怠感の緩和、車いす移乗であった。

- ●自宅退院2週後、週2日の訪問リハを実施し、両下肢のコンディショニング後、車いす移乗し過ごす生活が続いたが、その他のニーズ、特に小学生の子供との参加（役割）に関する内容が不明であり、気になった筆者は、ある日の訪問リハプログラムが終了した後で「参加について何か希望されることはないか」と尋ねた。これに対し対象者は「その話はしないでくれ」と話され、妻は見守りに徹しACPに関する会話はなかった。この希望を受けてACPに関する会話は行わないこととし訪問を継続した。希望する活動は自宅内での車いす移乗に留まり、病状が進行し車いす移乗が困難となったタイミングで訪問リハは終了となり、最低限のサービス利用で、まもなく在宅で息を引き取られた。

- ●亡くなられた後、ご挨拶に伺ったが、妻からは「最期まで希望を話したがらず、分からなかった」とのお言葉を頂いた。しなかった、できなかった、そうしたかった、本当のところは筆者の知る余地もないが、妻は遠慮深い方で、その言葉は現実の受け入れのようではあるが、静かな気迫や覚悟のような空気を感じた経験であった。また在宅医からは「人には決められないこと（意思決定が難しいこと）もある。この方も意思表示は難しかったようだ」とのお話を頂いた。

この事例を通じて、ACPは終末期に関わる医療・ケアチームが悩んだり迷わないための役割を果たしたかもしれないが、対象者や看取った家族にどのような意味があったのだろうか、また、私の問いかけはすべきでなかったのか、と反省し、あの場面を思い出す。
ACPは他者の入り込む余地はない領域があり、医療者が関わる故に（度に）その存在や意味が変容するのではないかと感じる。対象者が何らかの目的があり訪問リハを利用するとしても、私たちは対象者や家族にとって、どのような存在なのか、どうあるべきか、そもそも必要なのか、その意味を考えるようになった。

② 難病

　疾患特性として診断後から在宅移行に関わらず、多くは慢性的な経過とともに症状は進行し心身機能・構造の障害、活動に制限や変化が起きる。末期がんよりも訪問リハが適応となることが多く、経過に応じた身体機能の維持や補完・代替、活動方法の修正、環境調整など、訪問リハの役割は多い。このような関わりの多さから末期がんと比較して早期より繰り返しACPに関わることが多く、訪問リハ開始から状態の変化によりACPを行い、将来の医療やケアを検討する。意思決定の項目にはALSにおける呼吸管理に代表されるような、生命予後が大きく変わる内容を含んでいることもあり、最期まで予後が大きく変わる選択肢があるACPの性質には注意が必要となる。対象者と家族との間で意思決定に相違がある場合もあり、訪問セラピストからも意思決定に役立つ情報提供を行うことでACPにおける不安を緩和し、同時に意思の揺らぎや変化に配慮する態度が必要である。筆者が現在、関わっている事例を紹介する（表3）。

表3　セラピストが関わるACP　実際の現場（事例2）

事例2
【予想より進行が緩やかで、症状の進行に応じ繰り返しACPを行っている事例】
　50歳台　女性
　ALS（上肢型）

● X年にALS（上肢型）の確定診断
　今後2年程度の経過中に球麻痺と呼吸障害出現が予想された。夫と次女と3人暮らし、近隣に住む長女が介護の手伝いに来ていた。介護力に不足はなかった。
　定期通院しエダラボン点滴などの加療を受けていたが、X年＋4ヵ月、介護保険を申請し要介護1、かかりつけ医の医療機関の医療相談室経由で当院の訪問リハを紹介、訪問リハ開始となった。当院紹介時のバーサル指数（以下BI）は80点で、ACPでは多くが未定であったが、呼吸管理は希望しない方針であった。

● 訪問リハの目的は①身体機能や活動など生活機能の維持、②今後の意思決定支援であった。
　訪問リハ開始時の利用サービスは訪問リハのみであった。
　・訪問リハにおけるACP
　　確定診断の際に医師が患者に行う疾患に関する説明とACPの結果を基本に、一般的なALSの経過を参考に、どの対象者でも同じ説明を行うようにする。対象者からは「他の患者さんはどうしているか？」という質問が多い。本対象者も同様であり、ALSの患者さんの約3割から4割の患者さんが呼吸管理を希望していること、呼吸管理を行うことで生命予後が大きく変わる可能性のあること、呼吸管理を行っても症状は進行すること、呼吸管理を行う場合はサービス利用に関わらず介護する家族は2名以上が望ましいこと、生活の場は自宅以外に介護施設なども選択できる可能性があること、意思は変わっても構わず、その都度ACPを行い修正できることについて説明した。決定事項はなかった。機能維持の練習を継続。

● X年＋1年6ヵ月
　当初の予想より進行は緩やかで、上肢筋力低下、体幹と下肢の筋力は維持されるも筋萎縮は徐々に進行、球麻痺軽度、呼吸不全なし。
　福祉用具として電動ベッド、車いすを導入した。BI60点。意思決定事項は呼吸管理を希望せず、その他はすべて未定、急変時はかかりつけ医の医療機関に搬送であった。
　・訪問リハにおけるACP
　　可能な限り身体機能を維持する練習を受けたい、家族と外出を続けたい、との希望で機能練習を継続し、福祉用具は導入時の使用方法と移乗動作の介助方法の指導のみ実施。

● X年＋1年10ヵ月
　上肢筋力ほぼ消失、体幹と下肢は自動運動可能、球麻痺軽度、呼吸不全なし。
　通院での点滴治療が困難となり、かかりつけ医に変更はないが、エダラボン点滴は自宅近くの医療機関にて継続となった。BI50点。意思決定に変更はなかった。
　・訪問リハにおけるACP
　　移乗動作の介助方法の修正を家族指導。車いす移乗することもあるが普段はベッド生活。

●X年＋2年
体幹と下肢の自動運動可能、球麻痺軽度、呼吸不全なし。
BI50点。近医通院が困難となり訪問看護を導入、エダラボン点滴は自宅で継続された。
　・**訪問リハにおけるACP**
　　変更なし。

●X年＋2年3ヵ月
体幹筋力低下し自力座位困難、下肢の自動運動可能、球麻痺進行、呼吸不全なし。
　通院が困難となり、在宅看取りも可能な在宅医が紹介され、在宅医療開始となった。BI30点。ACPで非侵襲的陽圧換気療法（NPPV）について導入が検討され、気管切開は希望せずNPPVまでなら使用するかもしれないという選択肢が追加され、胃瘻造設は未確定、急変時は救急搬送となった。
　・**訪問リハにおけるACP**
　　NPPVについて動画や写真で説明、マスクを介して呼吸すること、NPPVの使用はあくまで自分の意思で決められること、NPPVは在宅では対象者と家族が管理・使用することを説明。

●X年＋3年
体幹自動運動困難、下肢自動運動可能、球麻痺進行、呼吸困難出現。
　経口摂取が困難となり胃瘻造設を希望し入院、入院中にNPPV導入を希望、胃瘻造設、およびNPPV間歇使用にて自宅退院された。BI20点。食事は全介助で経口摂取可能で、胃瘻からの注入を併用、NPPVは夜間、日中の呼吸困難時の間歇使用であった。入浴車による入浴サービス追加。意思決定では呼吸管理は非侵襲的な内容に限定し、栄養は胃瘻から注入と経口摂取、緊急時は救急搬送となった。
　・**訪問リハにおけるACP**
　　症状進行により意欲低下、車いす座位は希望されず、ベッド上の生活。積極的な治療や呼吸管理は希望されなかったがNPPVは「呼吸が楽」と話された。発語はあったが声量低下し、さらにNPPV使用中の会話が困難となりつつあり、コミュニケーション方法について意思伝達装置の導入の検討を提案したところ利用を希望され、複数の生体スイッチを試すも四肢の線維束攣縮および筋萎縮が強く、いずれも適応せず、音声言語での会話が可能なことからタブレット端末のコミュニケーションツールのみ導入となった。

●X年＋3年4ヵ月
体幹筋力ほぼ消失、下肢自動運動可能、線維束攣縮が強く出現、球麻痺進行、呼吸困難出現。
　呼吸困難で救急搬送され、24時間NPPVとHOT追加の必要性の説明を受け、HOT追加し、在宅医療再開となった。NPPVにてベッド上の生活、会話可能、経口摂取困難。BI20点。ACPは気管切開などの更なる呼吸管理を行わないこと、緊急時は救急搬送となった。着替え、整容、などで最大1時間程度はNPPVとHOTを中止し、自発呼吸が可能であった。
　・**訪問リハにおけるACP**
　　離床や活動・参加に関する希望なし。身体機能維持と筋攣縮緩和の訪問リハを希望。訪問看護や訪問介護などのサービスの希望なし。

●X年＋3年7ヵ月
体幹筋力消失、下肢股関節と膝関節のみ自動運動可能、声量は少ないが会話可能、経口摂取少量のみ、呼吸不全にてNPPVに依存傾向、残存筋の線維束攣縮が強く出現。
　定期の訪問リハにて対象者から相談を受け、「本当は人工呼吸器は使いたくない。人工呼吸器はこのまま続けなければならないか？」と話された。その場で、かかりつけ医に電話連絡して対象者の方針を伝えることを説明し同意、かかりつけ医に電話連絡し、翌日の訪問診療時にACPの予定となった。訪問診療にてACP、NPPVとHOTは利用するが、さらなる呼吸管理は希望せず、可能な範囲で経口摂取、エダラボン点滴中止、DNAR、軽度の症状出現の場合は救急搬送、中度以上の症状は訪問看護にてトリアージ、重症は在宅看取りの方針となった。
　・**訪問リハにおけるACP**
　　症状緩和として攣縮する筋のストレッチ、ポジショニングのみ実施。

●X年＋3年9ヵ月
上肢と体幹筋力消失、股関節と膝関節の一部の運動可能、NPPV中に会話可能。
　月2回の訪問診療、週3日の訪問リハ、月2回の訪問看護、月2回の入浴車を利用中、家族が介護にあたり、NPPVとHOT、胃瘻からの栄養注入、ベッド上の生活で在宅継続中。

③ 認知症

　認知症は緩やかな経過を辿り終末期に移行し、終末期までの経過中に発生する致命的なイベントは末期がんや難病と比較して限定されやすい。訪問リハにおけるACPでは、家族の見守りや介護が必要となるタイミングでのACPと、進行し対象者の意思確認が困難となる前のACPが重要である。ACPは家族の関わり方と生活する環境が重要な項目となりやすい。認知症患者の身体機能は多様な経過を辿るが、終末期では衰弱が進み、感染症や褥瘡などのリスクが高まる。このため、より早期のACPが求められているが、実際に訪問リハで関わる場面では既に症状が進行していることが多く、事前に意思決定された内容または家族の意向に従うこととなりやすい。訪問リハのACPにおける提案としては医療介護関連肺炎の予防、褥瘡の予防、その他の廃用症候群の予防が基本的な項目となる。長期的なプランで対応できる介護保険が向いており、訪問セラピストはさまざまなサービス利用が対象者と家族にもたらす影響を考察し、ケアを提案できることが求められる。

④ 内部障害（図1）

　訪問リハの対象は循環器疾患や呼吸器疾患が代表的で、安定と増悪を繰り返し、増悪を契機に予後不良に陥る軌跡をたどるため、ACPは増悪に関する内容が重要である。内部障害の増悪はその原因、程度ともに多様であり、増悪後の回復の可能性もあり、終末期の見極めは困難であることが知られている。また安定期の生活機能レベルは高く、介護度も低く判定されやすいため、介護のリスクより疾患のリスクへの配慮が極めて重要な疾患である。

　ACPのタイミングは増悪からの回復後とされる[4] が、内部障害患者の増悪時は入院となることが多く、多くは入院にてACPを実施後に申し送りを受ける。

　訪問時に遭遇する増悪には救命処置や入院での急性期医療と同等の対応が必要になる場合があり、訪問セラピストには増悪に関する知識と技術、および在宅医療との連携が重要となる。増悪時の対応は救急の役割ではあるが、在宅は救急医療開始のタイミングでもあり、訪問リハにおいても意思決定に従った処置や対応が求め

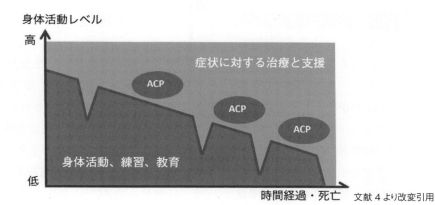

図1　内部障害におけるACPのタイミングと、症状管理およびトレーニングのバランス

られる。対象者の意思には増悪時でも入院を選択せず、在宅医療継続を選択する場合があり、その場合は急性期対応を訪問リハで実施する。訪問リハを実施したCOPDの増悪と転帰について、訪問リハによる増悪の早期発見と早期対応は対象者の在宅生活継続に役立つ[5]。内部障害の増悪は予測が困難であるが、身体活動が予後を改善することが示されており[6]、訪問リハのACPでは身体活動の構築を提案し、終末期では症状緩和のためのプログラムを提案する。

⑤ 環境因子について

在宅療養を困難にする背景因子には独居、サービスの受け入れ（好み）、介護者の能力や体調など、極めて多様であり、環境因子においてもACPが必要である。訪問リハのACPにおいて介護者の負担への配慮は重要であるが、特に終末期ではケアをやり切ることも重要である。ACPでは予想される見通しと負担をなるべく具体的に説明し、介護者の意思も把握したうえで何が不安や困難さとなっているかを評価し、その意思に十分に配慮し提案を行うようにする。

（2）生活を守るACP

訪問セラピストのACPにおける専門性は、目前の生活機能だけではなく将来の生活機能を見通せることである。いつ、どの原因で、何が困難となる可能性があるのかを、対象者の生活を通してイメージできることが理想的である。特に人生の最終段階の対象者や増悪リスクがある対象者では看取りまでのイメージとして、変化のタイミングと原因を予想しておくことで見落としが少なくなり、さまざまなイベントに対応しやすくなる。

対象者は生活し意思決定し家族は対象者に寄

り添っている、その在宅の「空気」は訪問リハにおいて最も大切にすべきことである。訪問者はその「空気」を刺激し影響していることを忘れてはならない。訪問リハの利用を希望した対象者とは、諦め、反発、悲観しながらも訪問者を受け入れて頂いたことに敬意を払い、対象者が生ききる、家族は支えきる、その自然な「空気」は守られるべきである。私たちは共感し寄り添うための役割が根底にあることを忘れてはならない。

訪問リハにおけるACPというイメージは湧きにくいこともあると思うが、訪問中にはさまざまなACPを行うべきサインが出されている。実際にすべてのサインをピックアップする必要はないと思うが、サインの中には重要なものもある。対象者や介護者からの「本当は」「実は」「できないのかな」「自分以外はどうなの？」……このような会話には多くのサインが示されている。訪問リハは対象者と1対1の定期訪問であり、会話が可能な環境にあるので、普段から対象者との会話を大切に、ACPのサインを見落とさないようにする。

3 まとめと課題

ACPとは本人の意思決定を支援するプロセスのことである。訪問リハの立場から見たACPとは医療機関内で決定された内容に基づき、対象者が在宅の環境で生活を継続することにより生じる変化による影響を考慮し、医療やケアについて調整や修正を試みることといえよう。訪問リハのACPにおけるスキルとは、生活の変化を予測し、変化に対応できる可能性を説明でき、適切な準備ができることである。

これまで看取りに関わって来たのは医師と看

護師という歴史がある。セラピストが人生の終末期に関わるためには、まだまだ経験が浅く学ぶべきことが多いが、研修などの機会やマニュアルなどもなく看取りに関わるための準備不足は否めない。まずは医師や看護師が実践してきたデスカンファレンスやサプライズクエスチョン、コンピテンシー研修を参考にしてもよいのではないかと感じる。人生の最終段階はすべての人に共通であり、訪問セラピストはケアサイクルの視点から対象者が終末期であるかどうかに限らず、在宅で関わるすべての人について生活に関わるという専門性を生かしACPを実践していく必要があると思われる。

引用文献━━━━━━━━
1) アドバンス・ケア・プランニング（ACP）.日本医師会.https://www.med.or.jp/doctor/rinri/i_rinri/006612.html（2021/10/04）
2) 人生の最終段階における医療の普及・啓発の在り方に関する検討会. 人生の最終段階における医療・ケアの決定プロセスに関するガイドライン. 平成30年3月改定
3) Joanne Lynn, David M. Adamson: Living well at the end of life: Adapting health care to serious chronic illness in old age. Rand Health: 8-9, 2003.
4) Marsaa K, Gundestrup S, Jensen JU, et al : Danish respiratory society position paper : palliative care in patients with chronic progressive non-malignant lung diseases, Eur Clin Respir J. 2018 Oct 16 ; 5(1)
5) 前山愛実. 訪問リハビリを施行した慢性閉塞性肺疾患患者の急変について.東北理学療法学25. p49-54, 2013.
6) Waschki B, et al（2011）: Physical activity is the strongest predictor of all-cause mortality in patients with COPD: a prospective cohort study,Chest 140, p.331 42.

在宅言語聴覚士からみた ACPの実践と課題、 訪問療法士に期待すること

株式会社コンパス 代表取締役 言語聴覚士

永耒　努

1 はじめに

わが国は、2008年に人口のピークを迎え、緩やかな人口減少社会に突入している。これからは急速に進む少子・超高齢社会の進展とともに、死亡者数も増加していき2000年には約96万人だった死亡者数は、2017年時点で約134万人、2030年には約160万人という「多死社会」が到来すると言われている。安心して最期のときを迎える「看取り」の場が不足するということが、社会全体の大きな課題となっている。この「多死社会」の到来にむけて、自らが望む人生の最終段階における医療・ケアについて、早い段階から医療・ケアチーム等と繰り返し話し合い共有する取り組みが必要だと考えられている。

この取り組みはAdvance Care Planning（アドバンス・ケア・プランニング、以下ACP）を指しており、前もって自らが望む医療やケア、療養に関する希望について考え、家族や信頼のおける関係者、および医療職・介護関係者等と繰り返し話し合う取り組みのことを示す。生命の危機が差し迫った状態になると、約70％もの人が医療やケアなど自らで決定した内容や望みを伝えることができなくなるといわれており、もしものときに備えて、ACPを行っておくことの意義が論じられるようになってきている。厚生労働省の取り組みとしても、ACPを身近に感じられるよう平成30年から「人生会議」という呼称を付け、普及、啓発を推し進めている。われわれ地域でリハビリテーション（以下リハ）に携わる療法士にも、地域で暮らす人々にACPの考え方を啓発することや、ACPを実施・実践することを求められている。

ただし、あくまでも個人の主体的な行いによって、考えを進めるものであり、"知りたくない" "考えたくない"という人への十分な配慮が必要である。

2 ACPの実践

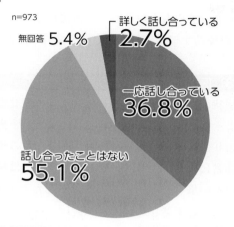

n=973

- 詳しく話し合っている **2.7%**
- 無回答 **5.4%**
- 一応話し合っている **36.8%**
- 話し合ったことはない **55.1%**

人生の最終段階における医療・療養に関する家族等や
医療介護関係者との話し合いの状況

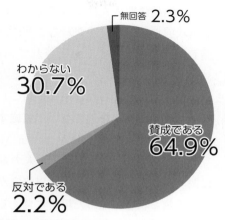

- 無回答 **2.3%**
- わからない **30.7%**
- 賛成である **64.9%**
- 反対である **2.2%**

家族等や医療介護関係者等とあらかじめ話し合い、
また繰り返し話し合うことについて

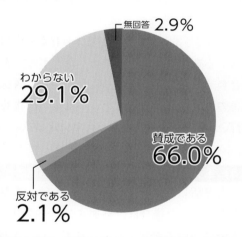

- 無回答 **2.9%**
- わからない **29.1%**
- 賛成である **66.0%**
- 反対である **2.1%**

どのような医療・療養を受けたいか等を記載した書面を
あらかじめ作成しておくことについて

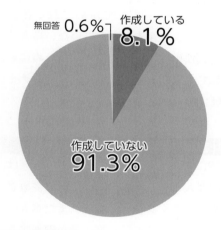

- 無回答 **0.6%**
- 作成している **8.1%**
- 作成していない **91.3%**

意思表示の書面作成状況

厚生労働省. 平成29年度人生の最終段階における医療に関する意識調査

　訪問リハが果たすべき役割として、活動と参加にバランスよく働きかけることが求められているが、その関わりがすべての場面で導入できている訳ではない。疾患の内容や病態、利用者本人（以下、本人）のモチベーションに合わせ、意向を確認し相談しながら進めて行くものである。そのため、活動と参加につなげにくい状況では、消極的な方針にも備えておく必要がある。ACPの実践に関しても同じことが言えるだろう。ACPの重要性は多くが賛成しているが、実際に行動に移している割合はまだまだ少ないのが現状であるように、実践するための導入方法や導入時期などの対応方法が、日々刻々と変化するからである。

3 | ACPの導入

　話し合いの開始時期は人によって異なるはずだが、健康状態や生活状況が変わるごとに、繰り返し話し合うことが望ましいとされている。しかし、早すぎると不明確・不正確なものとなってしまい、遅すぎると行われないまま過ごしてしまうので、タイミングを逃さないで実施する必要がある（Billngs JA, JAMA Intern Med. 2014）。訪問リハのサービスでは、本人の最期の時期に関わることもあるので、意思決定ができないほど重篤な状態に陥った場合に備えることも大切である。本人の価値観や目標を共有したうえで、希望を叶えられるような将来のケアを具体的にイメージして決めておく必要がある。また家族や親族が身近にいない場合はなおさら、孤独死の防止にも役立てるためにも、話題としても取り上げておいて、考えるチャンスは拡げておくべきである。

（1）参加するメンバーを決める

　ACPに参加する必要があるメンバーは、本人、代理人となる家族・親族と医療従事者、介護事業所スタッフなどである。また本人の希望によって、関係性の深い第三者が参加することも重要である。また医療従事者は業種や職種に関わらず、また介護事業所スタッフの関係者なども、本人と深い関係性が構築されている人物かどうかが重要である。

（2）本人の希望や方針を聴く

　本人が意思決定をできる場合は、落ち着いた状況で本人の希望する時期から話し合いを進めるべきである。将来においての希望を叶えられるよう、さまざまな観点での話し合いが大切で

ある。そして話し合った内容は本人が見返せるように、文書の形でまとめておくことが重要である。のちに本人が意思決定できなくなった場合でも、予め本人の希望を具体化しておくことで、医療的ケアの方針も決定しやすくしておく。

（3）医療及びケア方法の希望について

　病状の進行、生活環境や加齢に伴う変化などによって、本人の希望が変化することは、当然起こり得る。また、人生最期の過ごし方の決定は非常に難しいため、一度の話し合いでは結論が出ない場合が多い。本人が希望したタイミングでは、必ず話し合いの場を設け、意思を共有しておくことが重要である。「できるだけ延命処置を施してほしい」「痛みや苦痛を少なくしたい」「できるだけ自然な形で最期を迎えたい」など、人によってさまざまな希望が考えられる。疾病や病状、心理状態によって異なるが、本人の希望に合わせた話し合いを繰り返しながら、病状の改善のために最善の方針をとるための情報共有を行い、丁寧な説明をしたうえで決定していく。

（4）本人の意思決定が確認できない場合

　本人が話し合いできる状態ではない、またはできなくなった場合は、参加メンバーの中で治療方針について決定する。代理人となる家族・親族や本人と関係性の深い第三者が本人の意思を推測できる場合は、その意見を尊重して選択していく。本人の希望がわからない場合は、参加メンバーと代理人でしっかりと話し合い、病状の変化や医療従事者の判断をもとに方針を決定する。この場合、さまざまな職種や業種で協力して、本人の意思に寄り添うよう心がけ、単に治療行為だけに偏らないよう注意しケアを推し進めていく。

4 小児領域でのACP

　小児の臨床現場での多くは、終末期における患者本人と家族の意向の尊重に関する話し合いといえば、蘇生 (Resuscitation) を試みない (Do Not Attempt) ということを意味する、Do Not Attempt Resuscitation（以下、DNAR）に関することであった。具体的には「急変時または末期状態で心停止・呼吸停止の場合に、蘇生処置をしないという取り決めのこと」と定義される。ACPとDNARとの大きく違う点は、結果だけをこだわるのではなく、そのプロセスを共有することであり、話し合いを進めた背景や理由、価値観の共有を意識することにあると考える。しかし小児領域においては、予後の不確実さや両親の非現実的な期待などが障壁となり、実践することが難しいことも事実としてある。

　さらに小児領域におけるACPでは、余谷は2つの課題があると考えており、1つ目は家族との話し合いになることである。家族の声は「子どもの声を代弁するもの」と「介護者としての意向を表すもの」の2つの側面があることに注意する必要がある。つまり、親の意向は必ずしも子どもの意向でない可能性について、考えておく必要がある。もうひとつは、思春期年齢の患者との話し合いである。75%の思春期患者が、状態が悪くなる前にACPを行いたいと思っているとの報告があるが、実際の現場では、医師は本人とは話さず両親とだけ話すことも少なくない。思春期患者の特徴を把握したうえで、本人の価値観を探っていく必要があると述べている[1]。

　このように小児領域でのACPは、乳幼児期から児童期、思春期を経て青年期へと心身の成長を伴うなかでの話し合いとなるので、心境の

変化や思春期特有の難しさも兼ね備えていることを認識しておくべきである。

5 重症心身障害児者のACP

　実際に在宅療養している重症心身障害児者（以下、重症児者）の急変時には、家族のみでの対応を迫られることもあり、心肺停止といった状態に至ったときの冷静な判断や対応は困難となることが予想される。急激なSpO2の低下や、痙攣発作といった命の危機を感じさせられる経験をすることもある。そして救急搬送に至った場合、重篤な状態に陥った重症児者が、搬送先の医療機関で初めて会う医師から、消極的な方針や宣告を受けることも想定できる。さらに重症児者のACPは、対象が若年者の場合も多いことから、われわれと家族との話し合い、家族を通した本人との話し合いの場を重ねて行かなければならない。

　家族が本人との日々の生活の中で、本人が抱えている希望や不安に触れる機会は多いかもしれない。われわれは、家族との関係性を築きながら情報提供と選択肢などを提案したうえで、急変時の対応はどのようにしたいか、入院してどのような治療を受けたいのか、自宅で穏やかに過ごしたいといった方向性を確認して話し合いを進めていく。

　重症者の場合は長い年月を自宅で過ごしており、介護している家族も年齢を重ねているため、適切な医療情報を提供すれば本人にどう生きて欲しいかの本音を語る機会も増えていく。そのような機会を話し合いとして取り扱うこともある。急変時にかかりつけ医以外に救急搬送された場合、十分に本人の病状を理解したうえで、家族の選択がわかるような意思表示の書類や

カードを家族とともに作成し、急変の際に少しでも意向が反映されるよう支援していくことも大切である。

とはいえ、重症児者は乳幼児期の大変な時期を乗り越えると、経過が緩徐になることもあり、家族は身体にさまざまな問題のある状態を当たり前として受け入れながら在宅療育していくため、家族の病識が薄れてしまうことも起こり得る。常にリスクを意識しながら、恐る恐る生活を送り続けることもストレスがかかり過ぎて問題ではあるが、安定して過ごしているときこそ、もしもに備えてACPを行っておくことの意義を意識しておくことが重要である[2]。

6 重症児者へのACPの導入

重症児者へのACPの導入において、医療従事者と家族の病状認識にギャップがあると、本人と家族が希望を失うことへの危機感が医療従事者側の不安を生み出し、ACPの導入を躊躇してしまうこともある。つまりは病状の認識の共有が不十分だと、その先の方針と価値観に差異が生じてしまう。

特に急変時に集中治療を行うか否かの話し合いは、がん領域に比較して行われている頻度が高いのに対して、今の病状理解を確認して今後起こりうる病状について話し合うことは、がん領域に比べて低い傾向があることも知られている。在宅リハの場面において、家族と現在の病状の共有と今後の見通しを意識して話し合いを重ねて行くことが大切といえる。

話し合いのポイントは「希望」を尋ねることであり、重篤な疾患や慢性疾患を抱える子どもの家族は、不安や抑うつといった悲観的な感情と同時に子どもを大切に想うなどの積極的な感情もあわせもっているといわれている。しかし、状態が重篤であればあるほど、不安や悲嘆の感情が強く子どもを大切に想う気持ちから生じる希望にたどり着けない[1]。

われわれ訪問リハを担当する療法士は重症児者へのACPの導入を進める中で、「希望」を失わせることなく、どのように生きていきたいかの選択ができるよう、選択肢を広げて話し合いを重ねる役割を果たすべきである。

7 事例

中学生　200X年生まれ
診断名：メビウス症候群　慢性呼吸不全　在宅人工呼吸器管理　両顎関節強直症　便秘症　卵アレルギー　アナフィラキシー歴あり　てんかん　知的障がい

在胎41週1日、羊水過多のためA病院にて帝王切開で出生、Apgar score1分1点5分3点。開口制限あり、気管内挿管困難であり、bag-mask換気は容易であった。
日齢13に気管切開術を施行、先天性顔面神経麻痺、外転神経麻痺、CTにて中脳、橋、延髄に委縮及び石灰化あり、メビウス症候群の診断を受ける。
生後3ヵ月後から在宅開始、肺炎、下気道感染の入院歴なし。
200X+6年4月　胃瘻造設術施行
200X+7年12月　卵白通常量負荷試験にてアナフィラキシーショック（循環G4　神経G2　呼吸G3）をきたし、卵除去となる。
200X+8年4月　口蓋裂修復術（口蓋形成術施行）

訪問リハ開始　小学2年生時

200X＋8年8月　コミュニケーションの拡大目的で
ST当事業所介入開始

　地域の小学校へ母親の介助で徒歩にて通学し
ており、在籍クラスより支援学級で過ごすこと
が多かった。座位保持装置で肩ベルト装着し、
頭部はコントロール可能。特に右上肢を挙上し
て「Yes」、顔を左右に振り「No」。両手を合わ
せて「ありがとう」や「お願い」、顔を背けて「拒
否」など、コミュニケーション手段は有してお
り、明らかな意思の表出が可能であった。
　出生後から、肺炎及び下気道感染症の既往は
なく、口腔衛生状態良好であった。主治医へ相
談し、開口確保と口腔運動の拡大、唾液嚥下の
誘発目的で、スナック菓子等をガーゼに包み咀
嚼練習開始。

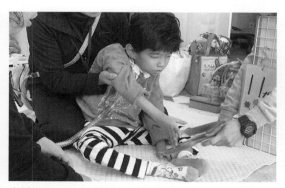

支援学級、担当看護師、介助員への姿勢及び上肢のア
シスト方法など助言を行う

○小学生～中学年

小学3年生

200X＋10年1月　兵庫県ハチ高原スキー場に
て、初めて障害者スキー（バイスキー）を経験
する。

200X＋10年7月　障害者スキー導入依頼のた
め、家族で鳥取県庁へ日帰りで行く。

200X＋10年9月30日～10月1日　障害者スキー
導入依頼のため、家族で鳥取県大山町へ行く。

鳥取県からの復路、台風でJRが運転見合わせとなり、新幹線に初めて乗る予定が急遽、初めて飛行機に搭乗する（JAL島根空港）。

200X+11年2月5日　鳥取県わかさ氷ノ山スキー場にて、障害者スキー（バイスキー）を楽しむ。

200X+11年2月18日　鳥取県だいせんホワイトリゾートにて、障害者スキー（バイスキー）で試し滑走を実施。

小学校高学年

200X+11年　小学校全教諭向けに、STが「災害時緊急時の対応」講義を行う。

200X+12年2月　宿泊を伴う学校行事として、鳥取県の休暇村奥大山にて学年全員でスキー合宿に参加する。

小学6年生

200X+12年10月4～5日　修学旅行（広島）へ参加

200X+12年10月16日　B大学歯学部附属病院にてVFの実施　直接訓練継続の指示。その後、小学校給食の味見として経口摂取することを提案、すべてのメニューに必ず口を付ける。

200X+13年1月と3月　入学予定の地域の中学校でSTが全教員向けの講義を行う。

中学校入学

200X+13年 学校給食の10口程度の味見食べの継続

1学期中間考査の全教科のテストを受ける

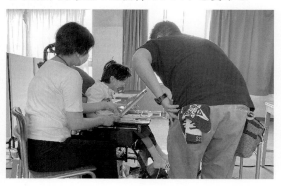

200X+13年7月15日　自宅で腹臥位にて入眠中、呼吸器を離脱中に心肺停止、A病院へ救急搬送。蘇生後は著明な脳浮腫を来たし、低酸素性虚血性脳症を呈する。その後、自発呼吸なし、対光反射なし、咳嗽反射なし、四肢の刺激にて脊髄反射と思われる運動はあり。
200X+13年7月29日、8月16日に平坦脳波、ABRでは左でⅠ波を認めるのみ。

200X+13年8月20日　退院後の自宅での急変時について両親から相談を受ける、蘇生を希望している。

200X+13年8月31日　訪問リハ担当者として退院時カンファレンスに参加、在宅でのリハの継続の依頼を受ける。低酸素性虚血性脳症の診断に基づいた、急性期のリハを実施するよう指示があり、特に禁忌事項と留意点はなかった。

200X+13年9月7日A病院から自宅退院。翌日より週2回の訪問リハを再開する。

なお、本事例については個人情報の保護に留意するとともに、御家族に説明し、同意を得た。

8 まとめ

　本事例を通じて、そのときどきの関係者を交えて話し合いを綿密に行ってきた。摂食嚥下や呼吸機能については医療機関とは医師、それらの決定事項として各学校の担当看護師及び介護員との話し合い。登下校、授業の進め方や課題について、また学校行事や災害時対応については校長と担任・支援学級担当教諭との話し合い。訪問リハの担当者としては、機能的なアプローチや個別対応だけに固執せず、子どもの発達と成長に必要な環境や関わりを拡げる努力を続けるべきである。しかし、それは無謀なチャレンジであっては絶対にいけないし、かといって不変的、消極的な関わりは、リハの意義に反している。

　改まったかたちでACPを始めるというよりは、訪問リハの担当者に決まったときから、常に具体的なACPの話し合いをできる状態を持っておくべきであると感じた。つまり、家族がACPについて意見を聞きたいときや、話し合いを始めたい時期がきたときには、既に担当者側の話し合いの準備が整っている状態を作っておくべきである。普段から本人と家族とのコミュニケーションを大切にしながら、今後もタイミングを逃さないスタンスを保っておく意識を忘れてはならないと考えている。

引用・参考文献
1) 余谷 暢之. これからの治療・ケアに関する話し合い〜アドバンス・ケア・プランニング〜について考える. 日本重症心身障害学会誌：2018, 43巻2号 p237
2) 雨宮 馨. 在宅での重症心身障害児者のアドバンス・ケア・プランニング. 日本重症心身障害学会誌：2018, 43巻2号 p238

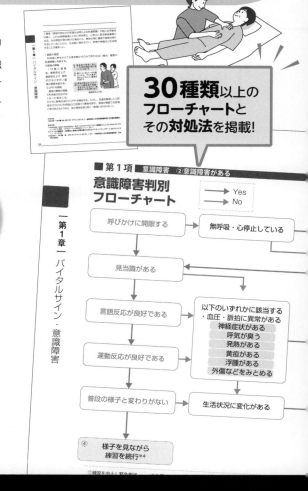

当事者家族からみた ACPについて

在宅りはびり研究所 代表 理学療法士
吉良 健司

1 はじめに

　多くの人がそうだと思うが、私は20代の頃、自分の人生に終わりが来ることはまったく視野に入っていなかった。身近な出来事であれば子供時代に祖母や祖父の他界は経験したが、それがどういう意味かということはピンとこなかった。それは妻ががんと診断を受けたときもそうだった。高校2年のときからずっと一緒に歩んできた一番身近な人が、将来いなくなる。そんなことはないだろうと、明確な根拠もなく高をくくっていた。信じたくないという気持ちもあったのかもしれない。しかし、人は生まれれば成長し、そして老化や病気やケガをし、いつかは人生を終える。それはどんなに正直で人のために尽くしたあたたかい人であっても、いつかはそのタイミングが来る。今回、これまで私を陰で支えてくれた妻を家族で看取る機会があったので、その経験をもとに今回のACP（ア

ドバンス・ケア・プランニング）について当事者家族の視点から考察する。

2 妻のがん療養と 自宅での看取り

（1）妻のがん療養の経過（11年間の流れ）
【2008年】
　私は医療法人での14年間の臨床のあと、介護事業を行うべく2007年に株式会社を設立、2008年より訪問看護ステーションをスタートさせた。私が理学療法士として訪問で飛び回っている間、妻は長男（当時8歳）・次男（当時4歳）・三男（当時1歳）の子育てをしながら会社の事務長として、事業所の運営サポートや会社の労務・経理を一手に引き受けてくれていた。丁度、妻が39歳のとき、4番目の子供を身ごもった頃だった。定期的に病院に検診に行き、母子ともに順風満帆に進んでいた12月のある日、講演で県外に出張している私に妻から電話が入る。

「私、乳がんみたい……」 全身に雷が落ちたような衝撃だった。「『とりあえず、専門の病院に紹介するからどこか希望はあるか』って言われた」と。慌てて知り合いの医師に相談し、地元の医大病院の乳腺外科の医師を紹介してもらう。妊娠30週で乳がん発覚。実は14週のときに右胸のしこりに気が付いた妻が、産科医に相談したが経過観察になっていたことがあったとのことだった。後日、夫婦で医大病院に受診し、紹介された主治医にがんのこと、妊娠中であることを相談した結果、出産を1ヵ月ぐらい早めて（36週）、その後に乳房切除術（全摘出）の手術をすることとなる。早くがんを取り除きたいが、子供の成長もある、母親として1ヵ月葛藤し、妊娠36週目で帝王切開術にて無事四男を2980gで出産。約1ヵ月後に右乳房切除及びリンパ節切除を行う。手術時に採取したリンパ節の検査の結果、転移が認められたのでステージIV（乳房以外の離れた臓器のリンパ節に転移がある場合）と診断された。ステージIVは全身にがん細胞の種が散っている状態なので完治は困難で、慢性疾患のようにコントロールすることが目標になる。入院中、長男と次男がお見舞いに来たので、妻が一緒に売店に買い物へ。長男が「お母さんえいねぇ、こんなところ毎日来れて〜」。 次男「お母さんお乳手術したがやろ？」。 妻「お乳切ったよ」。 次男「そりゃ痛いねぇ」と心配する。 妻「これからも病気治すの頑張るきね！」と話すと、次男「お母さん死なんとって〜」と泣く。 長男「そんなわけない、あはははは！」と笑ったそう。妻は、次男の指吸いが癖になっていることを、不安やさみしさから？と心配する。この経験は自分の病気で子供達を不安にしてはいけないという強い決意を生み、以後、がんであることを隠して療養することになった。

術後10日で退院し、その後の骨シンチ検査にて内臓転移が認められなかったので、不幸中の幸いと2人で安堵した。胸の傷が癒えた頃、妻は長男と次男に胸の傷を見せることにした。長男「ヒッ！」と驚き「鳥肌立った」と、次男はにやけながら「そんなんびっくりせんよ〜」と。先日は泣いていた次男、優しさなのかと戸惑う。退院後1ヵ月してから、全身に散らばっているがん細胞の種を死滅させるために、初めての抗がん剤をスタートする。案の定、しんどさや嘔気・嘔吐が出現、半月後より脱毛症状も出てきた。そして、術後胸壁に対し放射線療法を実施、その後にホルモン療法もスタートした。この年の年末には「今年一年は本当に激動の1年でした。でも生きていて幸せ。来年はいい年になりますように」とメモがあった。

【2010年・2011年】
この2年間は再発なく経過し、一度抜けた髪もショートカット程度に伸びてきて、前髪を自分で切って整えられるようになる。この頃の妻は、4人の子育てと教育、仕事に専念し、月2回程度の出張で不在がちの夫の世話、会社の事務長としての労務・経理の仕事、更に金魚も飼いはじめ、多忙な日々を送っていた。

【2012年】
2012年の新年の目標は、スターバックス道を究めると決意し、元旦の早朝からお店に並び福袋をゲットできるほどパワフルになっていた。その頃、妻が「このふくらみは転移やろうか？」と不安げに右鎖骨下をみせてきた。明らかに凹凸のシルエットが怪しかった。案の定、3月の検査の結果、右鎖骨下リンパ節への転移が判明。「あ〜最悪!!」と妻。4月に右鎖骨下リンパ節切除術を受けた。その際、主治医の提案で、乳が

んのタイプを調べる検査をした結果、ルミナールB　HER2（＋）タイプと判明。タイプにあった分子標的治療薬による抗がん剤を再スタート。分子標的治療薬はがん細胞に栄養や酸素を運ぶ新しい血管がつくられるのを妨ぐことにより、がん細胞を兵糧攻めにする治療である。主治医も世界学会にも参加し、最新の知見や医学的エビデンスを持ち帰り、妻の治療方針に応用してくれていた。9月からは更なる再発防止策として、ホルモン療法が開始された。

【2013 ～ 2015年】
　2013年には妻の念願であった愛媛県にある西日本最高峰1982mの石鎚山の頂上に一緒に登ることができた。そして癒し係として新しい家族、猫のマルも仲間入りした。2014年には家族6人で念願のハワイ旅行（写真1）やアーティストのコンサートなどを堪能。2015年も無事に過ごすことができ、更に、癒し係として猫のハルも加わり、家族がパワーアップした。

写真1　初めての家族全員でのハワイ旅行（療養6年目）

【2016年】
　4月、会社の事務スタッフの成長に合わせて事務長の役割を譲り、取締役副社長に就任した。

　その3ヵ月後、頭部CT検査の結果、多発脳転移が発覚。あまりの多さに衝撃を受け「万事休すか!?」と頭が真っ白になった。当時の脳転移後の予後は、約1年とされていた。身体症状が出ていないのが不思議なくらいであった。早速、2日後から全脳照射の放射線療法が開始。嬉しいことに3ヵ月後の頭部MRI検査では、たくさんあった脳転移は不思議なほど消えており、小脳に少し跡が残る程度だった。夫婦して喜んだが、脳転移の再燃の不安はつきまとった。

【2017年】
　2017年の元旦の目標には、「脳転移が消えてなくなりますように」、「ハワイに行けますように！」とメモに書かれていた。この年は幸い大きな再発はなかったが、下痢で悩まされることが多かった。

【2018年】
　3月、身体所見は見られなかったが、頭部MRI検査にて直径3cm程度の小脳の腫瘍の輪郭がはっきり見えるようになり、小脳に対する定位脳照射による放射線療法を実施した。その後、脳腫瘍にも効果が認められることがある分子標的治療薬による抗がん剤治療が開始。

　この頃になると、歩行は独歩で可能だが、ややワイドベースで耐久力が低下していた。買い物やお出かけで歩き回ることは難しくなってきていた。また8月には自家用車を運転していて道路標識にバンパーを接触させる出来事があり、今後の事故を予見して、衝突安全装置やコーナーセンサーがフル装備された車に買い替えた。

　刻々と進行していく症状。これ以上状態が悪くなると行けなくなると思い、主治医に相談せず（相談すると止められる可能性があるため）、最後の家族6人でのハワイ旅行を敢行した（写

真２）。状態の急変を心配しつつも、ホテルを中心に近場での食事や買い物、ハイヤーでの観光など、体力を節約できる旅を楽しむことができた。忘れられないエピソードがいくつかある。家族みんなでホテルの近くにあるパンケーキ屋に行き、テイクアウトを注文。長い待ち時間のあと、やっとホテルに持ち帰り、商品を開けてみたら、頼んでいたものが一品足りず。「お店に文句言いに行く！」と怒って、早足でお店に行く妻に笑った。日常はややワイドベースのゆっくりしたペンギン様の歩行パターンだったのが、スタスタ歩いている様をみて、怒りでも運動機能は上がるんだなと感動した。またこの旅行の最中、妻にお願いされたことがひとつあった。「私の遺影用の写真を撮って」と。彼女の覚悟を感じながら、複雑な心境でホテルのバルコニーの白壁をバックに１枚撮った。私が「そんなことないよ、大丈夫、大丈夫！」と言わなかったことを通して、妻は私の覚悟も見抜いていたと思う。帰国後、主治医の診察時にハワイ旅行に行っていたことを報告すると、ビックリしたあと、「よかったね！」と満面の笑みで返してくれた。

写真２　最後の家族でのハワイ旅行（療養10年目）

【2019年】

　療養生活11年目、脳転移後４年目を迎えていた。子供達も成長し、長男19歳大学生、次男15歳高校生、三男12歳中学生、四男10歳小学生となっていた。年頭の目標には、「病との共存」「どうぞ事業が安定しますように」との記載があった。好きなアーティスト槇原敬之のコンサートに神戸まで行く機会があったが、彼女は立ち上がれず、終始座って楽しんでいた。駐車場までの往復は、手つなぎ歩行だったが、傍からは仲良しデートのように見えたと思う。それまでなんとか頑張っていた会社の経理作業も簡単な計算で間違うことが増えたため、現場の事務部へ移行した。長距離の車の運転は控えていたが、近くのコンビニへ買い物に行った帰りに車の操作がわからなくなり、車屋さんを呼んだことがあった。室内の移動も伝い歩きやすり足だった。すり足の理由はバランスの問題もあるが、猫を踏んだときにバランスを崩すので、踏まないように歩いていると説明していた。

　４月には、この経過記録のもととなる手帳やカレンダーの記載ができなくなった。分子標的治療薬による抗がん剤治療は継続していたが、事前の血液検査の値が悪く、実施できないこともあった。しんどさが増してきたため、寝室を２階から子供達のいる１階へ移し、日中も布団に潜り込みスマートフォンを覗き込みながら過ごす時間が増えていった。布団からの立ち上がりも行いにくくなり、「手を引っ張って〜」と依頼することも増えた。玄関のカギを閉めようとして、リーチしたときにバランスを崩し転倒することがあった。保護伸展がうまくとれておらず、危険な転倒であったが、幸い打撲だけで大きなケガはなかった。しかし、次第に嘔気・嘔吐、頭痛などの脳圧亢進症状が強くなり、飲み薬での対応が困難となり、外来受診で頭蓋内圧

の亢進を抑える点滴に通うことが多くなった。

　8月の受診に同行した際に、主治医から「これ以上のがんの治療は難しい。今後は緩和ケアを優先したほうがいい」と説明があった。もちろん全体をバランスよくみた専門家からの苦渋の告知だったと思う。妻の病態としては、乳がんを原発とする転移性の小脳脳腫瘍が巨大化しつつ浮腫も広がり、それによって脳脊髄液の循環も滞り、結果、脳圧が上がるといった状況であった。脳転移後の末期状態に近づいている現状としては、脳外科的な対応は予後を伸ばす有効な標準医療ではなく、医学的にこれ以上の対応はできないと宣告された。しかし、その宣告を飲み込めなかった私は肥大化してきている転移性小脳腫瘍に対して、もう一手何かできるか食い下がり、放射線科の先生を紹介してもらった。藁をもすがる思いで、放射線科の医師に相談すると、3回目の脳への放射線療法は、正常脳細胞へのダメージや後の認知症状の出現など、リスクが高い旨を説明されたが、明日を生きられる保証がみえない現状、どんな状況でも未来につながれば御の字と思い、次週から始まる3回目の治療スケジュールの予約までこぎつけた。しかし、治療開始2日前に再び頭痛・嘔気が強くなり、救急外来で脳圧降下剤の点滴の処置をしてもらう。心配した副主治医が放射線療法に備えて早めに入院したらとの提案があり、即日入院することとなった。その夜、状態が急変することとなる。

　いつもであれば200mLの点滴で頭痛が取れスッキリしていたが、当日はそうでなく夕方お見舞いに病室に家族が訪れたときも痛みがあり、しんどそうにしていたとのことだった。深夜23時、病院から「奥様の容体が悪いので早めに来てください」と、看護師さんから連絡が入る。慌てて病院に駆けつけ、病棟に上がると昏睡状態の妻がベッドに横たわり、モニターに不安定なバイタルサインが表示されていた。主治医が来られ、「状態がよくない。今夜がやまだから、呼びたい人がいたら呼んでください」と説明があった。私は「ちょっと状態をみてから考えます」と答え、妻のベッドの脇の椅子に座り、モニターを見ながら反応を分析した。もちろん見た目のリアクションはないが、手を握ったり、身体をタッピングすると、わずかに心拍や呼吸が回復したので絶対に大丈夫と直感で判断し、親族を呼ばず、とにかく朝まで定期的に刺激を入れ続けた。その甲斐あってか、全身状態は落ち着いたが意識はなかった。帰宅後子供達を集め、お母さんががんであること、昏睡状態であること、もしかしたら数日中に亡くなるかもしれないことを泣きながら説明した。子供達にとっては、青天の霹靂でとてもショックだったと思う。その日から私の病院泊まり込み生活が始まった。

　意識不明1日目、子供達がお見舞いに来て声をかけるも反応なし。

　2日目、長男が岡山から帰省し声をかけたら、奇跡的にわずかな反応が見られた。そこから徐々に反応が回復した。

　3日目にはわずかに会話できるようになった。脳圧降下剤の点滴は、300mLを1日3回行うことで、意識状態や身体機能が日に日に改善した。妻に「家に帰ろう」と声をかけ、妻も「家に帰りたい」と言い、お互いの覚悟を悟った。妻が「私の命は健ちゃんに任せる」と言う。私は「うん、わかったよ」と笑顔で返した。心で泣きながら。

　自宅で緩和ケアを進めるとの本人・家族の意向を病院に伝えると、退院前カンファレンスをソーシャルワーカーが段取りしてくれ、退院後の訪問診療、当社の訪問看護、在宅支援センター

の関係者が、早朝8時に集まってくれ、自宅での看取りに向けて退院後のケア体制の打ち合わせをしてくれた。もちろん、本人は参加できる余裕はなかったので、私がすべて対応した。「自宅で看取る」との家族の意向を伝え、訪問診療等のケアサービスのこと、ベッドや車いすのレンタル、症状緩和に向けた内服や点滴の設定など、退院に向けた段取りの確認が素早く行われた。もちろん本人が一番苦しい状況にあることは間違いないが、家族の立場で自宅で看取ると決断することも、極めて苦しかった。最後の瞬間まで、どんな状況になっても見守り続けるのは精神的に辛すぎるが、妻への恩返しと思い、腹をくくった。妻の前向きな気持ちと入院生活の場面に沿った自立支援的な動作介助の実施を通して、退院までには車いすに座って30分程度は過ごせるようになった。ソーシャルワーカーは寝台タクシーを提案してくれたが、自家用車で帰ることができた。

　自宅退院にむけて私が決意したことは、24時間細やかに観察し、寄り添うことで彼女にとっての主治医であり、看護師であり、理学療法士であり、介護士であり、夫であるというスーパーマンになろうと。通常の理学療法士業務であれば法律的にできることは限定されるが、家族となるといろいろできることがあるので、病院と同等の医療的なサポートと自立支援的なケア、家族やネコによるストレングスケアなどなど、私が理学療法士になって、訪問療法士になって学んだことすべてを彼女の在宅療養にフィードバックしようと決めた。そんな気張っていた私に現実が襲い掛かる。

（2）在宅療養前期（退院から47日）脳圧上昇期

　スーパーマンを志した自分があっけなく崩壊

する。自宅退院によって妻のいる日常生活が取り戻され、家族が活気付いた。頭痛症状や著しい体調不良はなかったので、日中は穏やかな時間を過ごすことができた。基本はベッド上だが、介助歩行で食卓に移動して食事をしたり、トイレまで行ったり、介助でシャワー浴をしたり、座って子供達と談笑したり、猫のハルと戯れたり。この調子でいけば生活機能は更に高まると期待していた。しかし、夜間が大変だった。妻の希望で排泄はバルンカテーテルでなくポータブルトイレを選択したが、1時間毎、場合によっては1時間に3回、ポータブルトイレに行きたくなる状況があり、お互い寝るに寝られなかった。「けんちゃんー！」という妻の声で起き、朦朧としながらサポートをする。終わったあとには必ず「ありがとう！」のことば。あまりの疲労と睡魔のなか、頻回に呼ばれることに、一度だけイラつきベッド柵を激しく揺すってしまったことがあった。今でも自分の未熟さを後悔している。どんなときも「ありがとう」を忘れない妻への申し訳なさ。

　また、毎日6時、14時、22時に2時間かけて行う脳圧降下剤の点滴のルート接続や終了後の生食ロックの後処理、内服援助、そして家のことや会社のこと、業界の仕事のことが、自分の肩にのしかかってきた。介護者の私は連続で2時間寝られる余裕がなく、不覚にもあっという間に疲労困憊で倒れそうになる。訪問介護の滞在で何とか休めないかとケアマネジャーに相談するも基本90分までなので、それでは休むことにならないと困っていた。それを見かねた長男が大学の授業のない週末に岡山県から帰郷してくれ、日中の食事やポータブルトイレの介助を担当してくれた。下の世話を息子に頼むのは気が引けたが、嫌がらずに引き受けてくれ、本当に心の支えになってくれた。主治医に相談し、

眠剤の調整を行うも、ちょうどいい加減が見つからず、結局退院後17日目にバルンカテーテルを挿入し、バッグで尿の管理をすることとなった（写真3）。

写真3 訪問看護を受ける妻を見守る猫のハル

　退院後は、脳圧を下げる目的も含めてステロイド錠の内服をしていたので、食欲が亢進しよく食べていた。おかげで退院後、病人には見えない感じで成長した。ステロイドの副作用に満月様顔貌があるが、副作用なのか成長したためか困惑した。子供達の療養中のお母さんのイメージにも、月見バーガーをよく食べていた、チャーハンを作ってあげた、お菓子を食べていたといった記憶が鮮明に残っている。

　バルンカテーテルを挿入し、排尿に関するケアは1日2回程度に集約されたが、夜間の食欲は継続したため、「お父さん、目のクマすごい！」と子供に心配されていた。しかし、病院で危篤になったあと、食べられなくて心配したトラウマがあったため、食べられないよりはマシと思い、夜中に小さなおにぎりを作ったり、フルーツをカットして食べさせていた。

　退院後、13日目ぐらいから悪魔が忍び寄ってきた。脳圧降下剤の点滴の時間前の頭痛症状である。点滴の持続効果が短くなってきている証

拠で、脳圧が下がらない状態が続けば、命の危険性が生じる。しかし、脳圧降下剤の点滴は、300mL×1日3回で、これ以上の増量は標準治療に無く、レセプト請求が通らないとのこと。痛みに関しては、無しを0、最大の痛みを10とした主観的スケールで問診し対応していた。3ぐらいの自制内の痛みから徐々に強くなり、点滴前に6、8、10といった訴えが聴かれるようになった。点滴にて痛みはリセットされたが、次の点滴までに痛みが生じた場合は、経口摂取のオピオイド（麻薬性鎮痛薬）であるオキノーム2.5mgを使い、痛みの緩和を図った。徐々に夜間の不眠やせん妄状態が出現し、日中に傾眠したり、見当識障害などの認知的混乱もみられるようになってきた。長男に助けてもらって在宅介護を続けていたが、私の疲労感が強かったため、妻には申し訳なかったが主治医に相談し、検査目的も兼ねて医大病院へ6日間入院することとなった。

（3）在宅療養後期（検査入院退院後56日）意識混濁期

　検査入院初日の夜、病棟中に「けんちゃーーーん！」という声が響いていたと、病棟の看護師さんから報告があった。その後は穏やかに過ごせ、6日後に無事自宅に帰ってきた。退院当初、傾眠はあるものの、食欲はよかった。脳圧降下剤の点滴のあと、私が妻と簡単な会話をしていたら、それを見た三男が「お母さん、全然元気やん！」と妻に声をかけた。すると「今日は元気ないって言うたことないよ！」と、勇ましいリアクションがあった。また「あきらめるとはせん！」「皆にご飯つくれんでごめんよ。けどあんたにはいい機会やと思いゆう」という発言もあった。しかし、頭蓋内圧の亢進による頭痛症状が強くなってきたため、オピオイドのフェ

ントステープ0.5mgを常時使用し、更に経口摂取のオキノーム2.5mgを3〜4包/日、追加が必要になってきた。飲み込みも徐々に悪くなり、ムセもみられるようになってきた。更に頭痛の訴えや頻度が増え、オキノームを6包/日内服しないといけなくなり、同時に全身の筋萎縮が目立ち始めた。数字による痛みの表現ができなくなり、食事や水分摂取も徐々に低下していった。一時的に仰臥位での奇異呼吸や両眼の縮瞳がみられた。せん妄状態も強くなり、多弁なときもあった。

　ところが、退院後22日以降、不思議と頭痛の訴えが少なくなり、オピオイドを経口摂取しなくてもよくなった。そこで名言が出る、「吉良健司は、出張を愛し、出張に愛された男！」。独語や痰がらみ、数秒の呼吸停止など脳圧亢進による状態悪化も認められたが、脳圧降下剤の点滴をしたあとの調子のよい時間帯に「子供達が20歳になるまで頑張らないかん！」と宣言することもあった。頚部の筋力低下により、自力での保持ができない状態だったが、ソフトカラーを巻いて、チルトリクライニングタイプの車いすに座れることもあった。嚥下機能の低下に伴い、ベッド上ギャッチアップ座位でもむせるため、苦肉の策で完全側臥位での食事に移行した。「役立たずでごめんね。頭痛い〜、けんちゃん、身体に気をつけてよ」との発語もあり。その後も時々会話は可能だが、幻覚や意識の混濁がみられるようになってきた。

（4）在宅療養後期（最後の15日間）看取り期

　年末年始は比較的穏やかで、家族全員で年を越すことができた。3日の訪問診療時に、主治医に「痛みはないです」と返事をすることもできた。この頃から、妻は痛みを訴えなくなり、

同時に意識の混濁やバイタルサインの乱れが多く観察されるようになった。以後は一日一日、状態が悪化していった（表1）。

- ・15日前：体温36.3℃、血圧126/99、心拍数104/分、呼吸18回/分、SpO2 94%。
- ・14日前：傾眠あり会話できないが、辛うじてフルーツを完全側臥位で少量食べることができる。
- ・13日前：咽頭ゴロ音著明となり、以後吸引開始。両眼、対光反射なし、瞳孔5mm。
- ・12日前：咽頭ゴロ音著明で吸引対応7回実施。
- ・11日前：右下葉の捻髪音出現。全体的なエア入り弱く、SpO2は92%前後へ。
- ・10日前：わずかに会話可能だが、妄想世界に入っている。呼吸18回/分、SpO2は90%前後へ。
- ・9日前：仰臥位では舌根沈下し奇異呼吸になる。半側臥位で呼吸改善も弱く、SpO2は88%へ。
- ・8日前：妄想による独語あるも、時々簡単な会話可能。呼吸減弱、右眼縮瞳、左眼散大。
- ・7日前：身体の震え症状あり。閉眼中に「真由美さん！」と声をかけると「はー
い！けんちゃーん！」と返事あり。
- ・6日前：身体の震え症状継続、時々簡単な会話可能。
- ・5日前：全身の筋ケイレンあり、症状強くなっている。濃縮尿が出る。
- ・4日前：最後の食事(アイスクリーム)となる。尿量減少。

表1 旅立ちに向けたバイタルサインの変化

	体温 ℃	血圧 最高 / 最低	心拍数 回 / 分	呼吸 回 / 分	SpO2 %	瞳孔散大 mm	対光反射
15日前	36.3	126/99	104	18	94	—	あり
10日前	37.0	140/106	127	18	90	—	あり
3日前	37.0	122/84	115	42	88	—	あり
2日前	38.2	118/87	147	30	88	右6、左6.5	わずかにあり
1日前	37.1	114/72	130	38	88	右5.5、左6	なし
5時間前	37.5	110/92	134	42	88	—	なし
3時間前	37.2	98/88	112	42	78	—	なし
2時間前	38.5	104/94	110	34	72	右6、左6	なし
1時間前	36.8	94/86	128	24	77	右6.5、左6	なし
30分前	—	—	—	14	—	右6.5、左6.5	なし

- 3日前：意識混濁強く、食事困難。呼吸数増加42回/分、SpO2 88%前後。尿閉で全身ケイレン、頻呼吸症状が増強。訪問看護にてバルンカテーテルを挿入し落ち着く。訪問診療にて抗ケイレン剤開始。主治医から最後が近いことの説明あり。その後、子供達、両親に主治医から説明があったことを伝える。

- 2日前：意識混濁強く、早朝チェーンストーク呼吸となるも日中からは落ち着く。いびき様の喘鳴出現。瞳孔散大あるも、わずかに対光反射あり。長男の呼びかけに発語あるも最後となる。

- 1日前：いびき様の喘鳴強くなり、下顎呼吸がはじまる。呼吸38回/分、SpO2 88%前後。瞳孔散大、対光反射なし。手足に浮腫軽度出現。痰の吸引できなくなる。さまざまなサインを通して、間違いなくまもなくお別れが来ることを理解する。

- 他界5時間前：呼吸42回/分、SpO2 88%前後。

- 4時間前：四肢の冷感やや出現。橈骨動脈触知可能。バルンバッグの尿量が変わらなくなる。

- 3時間前：橈骨動脈触知減弱。呼吸42回/分、SpO2 78%。

- 2時間前：呼吸34回/分、SpO2 72%。

- 1時間前：呼吸24回/分、SpO2 77%。朝起きてきた息子達がベッドの周りに集合し、母の状態を見守る。

- 30分前：口唇の赤みが減る。橈骨動脈触知ごくわずか可。呼吸14回/分。次男がベッドに潜り込むも、妻の身体が暖かかったので、気持ちよくなって一緒に眠ってしまう。呼吸数が徐々に少なくなり、一度、呼吸が数秒止まるも再開する。再び呼吸が止まり、そして呼吸が戻ってくることはなかった。

2020年1月18日10時24分、穏やかな表情で家族全員に見守られながら51歳で天国へ旅立つ。

3 妻の看取りを通して
人生会議の課題を考える

（1）妻の看取りの経験を通してACPについて考える

　がん患者である妻の看取りの経験を通してACPについて考えると、死期が迫ったときにどのようにしてもらいたいかを事前に話し合うという考え方には総論的には賛成であるが、現実はそんなに簡単なものでないと考えている。妻はがんを患い11年間「あきらめることはしない！」「子供達が20歳になるまでは頑張る！」という非常に前向きなスタンスで、がんによる不安や苦しみがあっても、脳圧亢進による頭痛があっても、子供達の前で弱音は一度も吐かなかった。一度、頭痛の際に飲むオピオイドの経口摂取薬オキノームに関して、「痛みの程度がいくらを越えたら飲む？」と尋ねると、8/10と答えたことがあった。子供との時間を大切にしたいと思う凄まじい母としての意思だった。

　そんな彼女の希望は会話をせずとも十分伝わってきたし、「私の命は健ちゃんに任せる」と託されていたので、自分の医療従事者としての経験を最大限に活用し、とにかくよりよく長く生きられるようにするための方策を考え続けた。振り返れば、それが我々夫婦間におけるACPであったのだと思う。直接的な会話をせずとも、日常のコミュニケーションの中からお互いの価値観を確認・共鳴し、最低限の言葉で人生の方針の統一を図る。切磋琢磨する親友のような夫婦だったからこそ、できたのかもしれない。そういう意味ではレアケースであると考える。

　振り返って、訪問リハビリテーションに従事する理学療法士の視点でみれば、夫婦でもお互いの意思の確認ができていないご家庭もあった

し、この期に及んで意地を張っているご家族もいた。私自身が橋渡し・潤滑油となり、方向性を調整しないといけなかったご利用者さんもみえたので、啓発活動の一環として日頃から話し合うことを促すことは大事だと思う。

　実は、妻は子供達に心配をかけたくないという強い思いで、子供達に自分ががんであることを言わずに療養してきた。長男には小学6年生のときに話していたが、次男、三男、四男がお母さんががんであるという事実を知るのは、在宅療養の前に病院で危篤状態になったあと、家族会議で私が説明したことが初めてであった。今回、母の他界から1年9ヵ月経過し、それぞれの子供達がACPについてどのように考えているかアンケートしてみた。

　結論的には、長男は当時年齢が19歳でお母さんとのつながりも一番長かったためか、お母さんの性格を理解したうえで、みんなで話し合うことに関して消極的な答えが返ってきたが、次男、三男、四男は家族会議や関係者との話し合いをしたかったという答えが返ってきた。それは、お母さんのことをよく知ることによって自分達にもできることがあったのではないかという思いからであった。しかし、妻であれば必ずこの返事を返したと思う。

　「あなた達の存在が一番嬉しかったし、支えになったよ。本当にありがとう！」

（2）ACP＝人生会議というネーミングのリスク

　ACPに関して、2009年に厚生労働省が今後の多死社会を鑑み、ACPに対して人生会議と愛称をつけて広報を始めた。確かに人生の最期をどうしたいか相談しておくこと、決めておくことは大事であるが、自分がどう生きたいかということは誰にでも話せることではないし、その時々で迷うこともある。自分が今後どのよう

にしたいかは、話す相手によっても変わる。患者は自分がこう言うと、関係者はどう反応するかを注意深く観察している。個人的な経験として、私と話すと前向きな決断をしても、その後、別の医療従事者と話すと消極的な決断になる事例があった。非常に怖い事実である。特に高齢者になれば、高度に細分化された医療技術を理解することもできず、場合によっては偏見や誤解をした状況で判断することも少ない。そのような対象者を多職種で囲み、今後どうしていくか、本人の希望を述べさせるような会議が行われるとすれば、それは倫理的に問題である。自戒の念を込めて言えば、医療従事者はデリカシーが足りない人が少なくない。患者が今後の対応について方針が揺れることを、共感的に理解できる人は限られている。「あの患者さん、また言うこと変わってる」と呆れたように言う医療従事者もいる。会議を開くことが目的ではなく、事前に今後のことを身近な人と共有するよう促すのが一番の目的である。デリカシーのない医療や介護関係者が当事者や家族の気持ちを傷つけないことを祈りたい。

4 ACPを進めていくうえでの、訪問療法士に期待すること

今回の妻の看取りにおいて、訪問リハビリテーションサービスは活用しなかった。それは私自身が理学療法士であり、日常生活の中で彼女の体調や家族との生活時間をみながら、生活の中で自立支援を行えばいいという判断であった。正直な気持ちとして、睡眠時間が十分にとれていない介護状況の中、訪問者を受け入れる気持ちの余裕がないというところもわずかではあった。重たいと感じるかもしれないが、命も生活もギリギリの状況の患者さんの家に訪問して、メリットを感じてもらえる専門家としてのスキルが必要である。

人生の最終段階における訪問リハビリテーションの役割は、その人の生きたいに共感し、自分にできる専門性を精一杯発揮することである。よりよく死ぬためのリハではなく、よりよく生きるためのリハである。最後の瞬間まで生ききるためのリハである。リハビリテーション実践の最も重要なポイントは、その人のアイデンティティの再構築である。当事者が、病気や

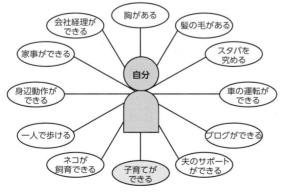

図1　妻の身体性アイデンティティマップ

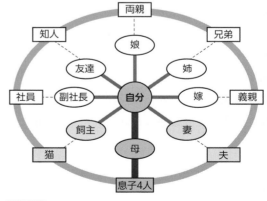

図2　妻の社会性アイデンティティマップ

障害があっても、自分自身とは何か、自分らしさとは何かということを常に更新し、主体的な人生を進んでいけるようにバックアップすることである。そのためには、常にストレングスを意識することが重要である。図1は妻の身体性アイデンティティマップである。身体性アイデンティティとは、身体や身体作業スキルを通した自意識のことである。

人生の最終段階に向けて、身体性アイデンティティは徐々に崩壊していく。見た目が変化したり、当たり前にできていたことができなくなる。そして自分自身を見失っていく。これがアイデンティティの崩壊である。しかし、がんを患い身体性アイデンティティが徐々に崩れても、妻が最後まで自分らしく強く生きられたのは、社会性アイデンティティ（図2）を重視していたからであると理解している。

社会性アイデンティティとは、他者との関係性で成り立つ役割としての自分のことであり、妻の日常においては猫のハルとマルの飼主、私（夫）の妻、そして4人の子供の母である。

崩れ行く自分の中に間違いなく存在し続けるのは、4人の子供達の母親としての自分であり、病気の自分でしかできない役割がそこにあるということを最後まで自覚していたから、最後まで強い心を持ち続けられたのだと思った。その答えは、子供達へのアンケートから垣間見ることができる。「お母さんは、どんな人でしたか？」という質問に対し、「しんどいと一度も子供の前で言わなかった強い人」、「子供思いのお母さんだった」、「弱音をはかず常に人のことを大切にした人」、「優しかったけど厳しくて尊敬できる人だった」　そんな彼女も在宅療養中、私に一度だけ弱音を吐いたことがあった。「こんなにしんどいがやったら、早く死にたい！」そのときは、「そうやね」としか言葉を返すことが

できなかったが、今振り返れば、弱みを見せられる夫でよかったと思っている。

人は必ず老化し、病気やケガをする。もちろんあらがえる状況であれば医学モデル的視点であらがっていくが、慢性疾患や終末期においては、医学モデル的視点ではうまく現場を捉えることができなくなる。だからこそ、心理・社会的視点をもって、人とは何か、幸福とは何か、その人らしさとは何かという命題に向かって更なる専門性の昇華を図る必要がある。

5 おわりに

妻の葬儀が終わり、妻の本棚を片付けているとエンディングノートが出てきた。慌てて内容を確認したが、何も書いていないページばかり。注意深く確認していると付箋のついたページがあった。開いてみると「葬儀について」のページ。最後の欄に「とにかくお金をかけずにひっそりとお願いします」と書かれてあった。彼女らしい謙虚さだった。他の記載を注意深く見ていると「葬儀で使用したい音楽について」の欄に、「山下達郎　YOUR EYES」と具体的に書いてあった。実は、エンディングノートに書かれてあることを知らずに、彼女のためにお葬式のときにかけた曲だった。24歳の結婚式のときに二人で選んでかけた曲。いままで、本当に助けてもらうばかりで何も返せていなかったが、最後の最後に希望を叶えられて本当によかったと安堵した。

乳がんが発覚から11年、脳転移から3年、家族みんなにたくさんの思い出と人としての強さを残してくれた妻。心より感謝したい。

「本当に、ありがとうね！」

生活支援記録法F-SOAIP　オンライン座談会

LIFE 科学的介護の取り入れ方について今後の見通しを語る

　科学的に自立支援等の効果が裏付けられた介護サービスの方法論を確立、普及していくことを目標に、2021年度からCHASE（Care,HeAlth Status & Events）・VISITを一体的に運用する科学的介護情報システム LIFE（Long-term care Information system For Evidence）が始まりました。

　これから、我々はデータをどのように利活用していけばよいのか、F-SOAIPを用いたLIFEの活用と人材育成のご紹介とともに科学的介護をどのように取り入れていけばよいのか、今後の見通しについてお話をお伺いしました。

　※座談会の前に報告1・2（P382-384）を読んでいただく事を推奨いたします。（編集部）

**生活支援記録法（F-SOAIP）
オンライン座談会**
開催日：2021年10月4日（月）

■ 座談会参加者

参議院厚生労働委員長 参議院議員
公益社団法人 日本理学療法士協会 理事
小川 克巳 先生

在宅リハビリテーションセンター草加 作業療法士
高橋 暢介 先生

介護老人保健施設 大分豊寿苑 作業療法士
松田 和也 先生

介護老人保健施設 大分豊寿苑 理学療法士
久保 成美 先生

埼玉県立大学 保健医療福祉学部 准教授（企画・監修）
嶋末 憲子 先生

国際医療福祉大学 医療福祉学部 教授（司会）
小嶋 章吾 先生

　F-SOAIPの本誌連載時の第1回座談会（本誌2020年2月〜2021年1月号）では、小川先生より、LIFEと関連づけてF-SOAIPの啓発や教育を段階的に進めていくことをご提案いただきました。さらにF-SOAIPの導入や研修が進む中、第2回目の座談会は、上記観点から、全国に発信したい先進的取り組みを続けるリハビリテーション専門職による2つの報告を基に企画しました。

　LIFEでは、フィードバックが充分でない現段階でもF-SOAIPによりPDCAサイクルを促進でき多職種連携が進むこと、人材育成としては、県レベルでの職能団体によるコラボ研修の企画は画期的です。本座談会を通じ、リハビリ職の皆様がLIFEや職能団体の活動等と関連づけながらF-SOAIPを活用できることを願います。
（企画・監修　嶋末 憲子）

小川先生　　データヘルス改革というのは国政として進みつつありますが、私自身、理学療法士としての現場目線で考えていきますと、現場からは少し遠いという感じがしてなりません。CHASEとVISITをLIFEとして一体的に運用されることになったのですが、2025年に向けて間に合わせようと計画だけが先行しているような気がしています。どういったデータが介護の介入の見える化につながるのか、これから明確にしていくことがキーポイントになっていくと思います。

　　このような中で、現場の感覚を少しでも反映できればと思っております。本日は、皆さんから現場のお話を聞けるということで楽しみにしております。

F-SOAIPとLIFEの活用法

　　小嶋先生　　まずは松田さん、F-SOAIPの効果とLIFEとの関係性について、現場の声をお伝え下さい。

　　松田先生　　はい。私たちの施設では2021年6月よりLIFEにデータを提出しています。自施設のデータ活用としては離床時間をひとつの目安としており、ベッド臥床時間が長くなっている方々への対応を進めています。

　　今回紹介する事例では、離床時間が短い方に対して、介護職・リハ職など多職種の視点をF-SOAIPとカンファレンスにて方向性を一致させることができました。お互いの考え方を共有することで、一貫性のあるケアにつながり、離床時間の増加・活動性の向上につなげることができました（報告1）。

　　施設内では毎日、100件以上のF-SOAIPの記録が書かれていますので、LIFEのデータと共にこれらの記録を効率的に処理していくことが今後の課題だと思っています。また、現在使用しているシステムでは、データ抽出が難しいので、今回、LIFEで電子カルテから自分達の手で初めてデータの抽出をできるようになったことはとても大きいと感じています。そのため、まずはこのデータをしっかり活かしていきたいですね。そして、提出したデータの分析が進み、自分達のデータをうまく扱えるようになれば、さらに現場も進んでいくのかなと思います。

　　小嶋先生　　事例を担当されていた久保さんは、実際にF-SOAIPを使用した感想はいかがですか。

　　久保先生　　F-SOAIPで記録を始める前は、カルテだけでは対象者の状況はわかりませんでした。F-SOAIPを使って記録を始めてからは、どの時期にどうなっていたかなど経過を見ることができ、とてもわかりやすくなったと思います。今回は、LIFEのデータと介護職員の記録から介入の必要性に気付き、状況をスムーズに把握していい流れでリハ専門職が関わることができました。短期間で変化が生じた症例でしたので、記録を含めたデータの活用が重要だと実感しました。

　　小川先生　　介護福祉士・PT・OT 3職種それぞれの視点を混ぜることによって、介護福祉士にも成果やアウトカムを共有できるフィードバックのシステムを、どう作っていくかということが大事なんだと思います。これは、LIFEにおいても同様で、全国標準と比較したときにこの施設はどうだったのかというフィードバックができます。厚生労働省も現在は、施設だけではなく、個人に対してのフィードバックもやろうということで計画を進め、2024年度ぐらいに個人毎のフィードバックができるようなシステムに仕上げたいという方向性で進んでいる状況です。

高橋先生 私は、職場内でF-SOAIPを広めようといろいろ動いてみましたが、なかなか会社全体ではご理解が進まない状況でした。松田さんはどのように克服されたのですか。

松田先生 私のやり方が参考になるかどうかはわかりませんが、"みんなが知っていること"が大事かなと思ったので、始めにF-SOAIPを紹介する動画を作り、みんなに見てもらったあとは「やるぞ！」と号令をかけて進めました。経験として、取り入れやすい職種とそうではない職種があると感じており、教育の時点で記録についてどう学んでいるのか、というところが気になりました。セラピストの教育の過程における記録の考え方として、以前はどのようなかたちだったのでしょうか。

小川先生 PTも多分OTも一緒だと思いますが、個別の評価・筋力・関節可動域など、今で言うところの「静態的データ」を集め、他職種との情報共有という視点からSOAPに落とし込んで活用してきました。つまり多職種とつなぐ意味でSOAPを使っていたわけですね。ただ全体として、それぞれの職種がどのような思いで、どのような具体的手法を使って完了したのかまでは、記録できませんでした。

「こういう風にやったら、こういうことになりました」「状況はこうでした」など箇条書きに適したような言葉で残したかたちです。そのような意味でもリハ職というのは、今後、医療と介護の両方をカバーできる素養を持っていると思います。

また、介護がなぜ科学化しにくいのかというと、やはり介護は「人対人」という非常にアナログな面が強いため、いわゆるスタンダードがなく、それぞれの個性に任せているような部分があります。そのため、今の状態をそのまま科学化しようというのは難しいので、まずは土俵を決めなくてはいけないということで「標準化」を進めようという話が出ています。

その「標準化」を進めるためには、一応の標準化ができている医療の世界と、そうではない介護の世界をリハ職によって橋渡しすることが必要です。時間はかかりますが、介護の現場の中で、医療用語を介護の方にもわかるようにアレンジしながら使っていくということで、日常的にも馴染んでもらい、その意識を高めていくことが必要だと思います。

また、松田さんが先程言われたように「エイヤ！」で、やれるようなリーダーが必要なんですよね。ときには「これで行こう！」というように号令をかける人が必要だと思います。何事もそうですが、何かを変えるということは、大変な労力・精力のいる作業なので、具体的に納得するまで説明をしていると、もうその段階で飽きてしまうんですよね。だから「とにかくやろう！」というような「エイヤ！」も必要だと思います。

F-SOAIPを使った人材育成

小嶋先生 次は、人材育成にF-SOAIPを用いた事例をご紹介いただきます。

高橋先生 私は、埼玉県草加市の自立支援地域ケア会議で地域の啓発と人材育成ということで助言者として出ています（今は、コロナで自立支援地域ケア会議は一年半中止）。

また、埼玉県の作業療法士会の理事もしていますので、県内での他職種への人材育成および自立支援地域ケア会議での資料にF-SOAIP導入を進めています。作業療法士とケアマネジャーでコラボをして、地域ケア会議における研修会の最中に、メモとして書いてみてはどう

かと提案しています。実際に、2022年1月のコラボ研修で共通言語としてグループワークでのメモとしてF-SOAIPを使う予定です。

共通認識を持ち、課題を解決するためにはF-SOAIPのようなエビデンス的な支援経過記録が必要で、そのようなものがあることによって、自立支援地域ケア会議もよりよくなると思っています（報告2）。

（松田先生）　提案されたようにF-SOAIPを使って、お互いの疑問点を取り上げ、共有の認識を持つことによって、率直なディスカッションにつながると思いました。今後の報告を期待しています。

（高橋先生）　PT・OTでは、段階付けが大事だと思いますが、いきなりケアマネとOTが集まって事例検討しましょうとしてしまうと、ハードルが高くて参加率が一気に下がってしまうので、まずはお互いの職業への疑問という場で少し慣れてきてから、第2回、第3回というように徐々にエンジンをかけて、事例検討とかやれたらいいかなと思います。まずは少しライトに進めて馴染んでもらえたらと思っています。

（小川先生）　問題解決のための方法には、大きな課題で崩しにくい問題であったとしても問題をいかに小さく分析できるか、分解できるかどうかが、カギだと思います。課題をうまく見つけ、その対策を考えることで選択肢を広げ、

それぞれの成果を比べることによってどの選択肢がよかったのかというエビデンスを作るという方法論です。だから課題を小さく分解し、対応をしやすくするという原則を踏まえたうえで、この方法論として、高橋さんのやろうとしてることは非常に面白いと思います。

問題設定の部分で、質問項目をお互いの職種の理解が進められるようなものにフォーカシングできると、そこでひとつの相互理解が進むのかなと思います。結果も楽しみですし、是非頑張っていただきたいなと思っています。

介護現場の中では、松田さんのように具体的かつダイレクトに「こういう記録でやるんだよ」ということもひとつの方法論かもしれないけど、他の場面では、高橋さんのように、人材教育や相互の情報共有という目的のために、この手法を使うことで自然に馴染んでいくということもあるだろうと思います。だから一方では「エイヤ！」かもしれないけど、かなり周到にやっていくところもあるんだろうなと思いました。今日は、お三方から各視線、施設の取り組みを聞かせていただきましてありがとうございました。

政策実現のために時間がかかりますが、やはりやっていかなければいけません、2025年に向けて、ぜひ定着するように私自身も頑張りたいと思います。

――今回、座談会にご参加いただきました皆様誠にありがとうございました。

報告1に基づく座談会の前半では、①静態的データであるLIFEのPDCAサイクルの促進には、F-SOAIPによる動態的データを分析できるシステムの重要性が確認されました。また、小川先生には、データの「標準化」に向けて、②リハビリ専門職が医療と介護を繋ぐにあたり、F-SOAIPの活用期待をご提言いただきました。
報告2による座談会の後半では、③F-SOAIPを個別支援の経過記録ではなく、多職種連携のツールとして活用し、県レベルでの職能団体によるコラボ研修として開催する意義が共有されました。本研修を契機とし、多職種連携の促進等へのF-SOAIPの汎用性を発信することは、②の実績になるとともに、①に対しても、F-SOAIPを導入したリハビリ専門職の実践が、科学的介護の分析に役立つシステムの標準化を進めるといった展望を描けることになるでしょう。（嶌末）

報告：1 ▶▶▶ LIFE と生活支援記録法 "F-SOAIP" を活用したPDCA サイクルの促進

介護老人保健施設 大分豊寿苑 作業療法士　松田 和也
理学療法士　久保 成美

はじめに

　2021 年の介護報酬改定では、自立支援・重度化防止の観点からデータ提出とフィードバック活用により PDCA サイクルを促進させる内容が盛り込まれ、従来のデータベースである VISIT と CHASE を統合した科学的介護情報システムである LIFE（Long-team care Information system For Evidence）の運用が開始された[1]。LIFE は栄養状態や ADL 評価などの静態的データを扱うデータベースであり、収集されたデータに基づくフィードバックを活用し、各サービスにおいて PDCA サイクルを促進させることが期待されている。LIFE の活用は、これまでの経験や勘などスタッフ個人の力量に依存していた介護の見える化（科学化）に有益であると考えている。当施設は、採用している電子カルテシステムが LIFE の出力に対応した 2021 年 6 月よりデータ提出を行っている。

　当施設は、以前本誌（第 10 巻・第 4 号）で報告した通り、2020 年 6 月より生活支援記録法（以下、F-SOAIP）を、訪問リハビリテーション事業を含むリハビリテーション部門より導入している。カルテ記録を動態的データとして捉え、PDCA サイクルや多職種協働における重要なツールとして活用してきた。

　今回、LIFE に提出した静態的データと、F-SOAIP による動態的データを活用した取り組みを介護老人保健施設（以下、老健）にて行ったため、以下に報告する。

LIFE に関連するデータの収集と分析

　老健において LIFE へのデータ提出が紐づけられている加算は、科学的介護推進体制加算や自立支援促進加算等の全 8 項目である。今回はその内のひとつである自立支援促進加算のデータを独自で分析した取り組みを紹介する。自立支援促進加算は医師による医学的評価を踏まえ、医師、看護師、介護職員等が共同して支援計画を策定してケアを実践するものである。LIFE に提出した ADL 等のデータを分析するなかで、私たちは評価項目のひとつである離床時間に着目した。

　当施設の入所者のうち約 8 割が病院からの入所であり、入所前は治療によりベッド中心の生活となっている入所者も少なくない。よって、ベッドから離れた活動中心の生活に移行するための支援が、在宅生活再開に向けては重要な要素となっている。当施設の 1 日の平均離床時間は 8.0 ± 4.2 時間であり、厚生労働省から送られた全国の平均である 9 時間を下回っていた。この背景には看取り期や医学的観点から離床を促進できないケース等があるが、詳細を確認すると離床に伴う病変リスクが低いにも関わらず平均である 8 時間を下回る入所者がいることがわかった。以下で紹介するのは入所後より段階的に離床時間は拡大したものの、体調不良（発熱）となった時期を境に座位姿勢の崩れが生じるようになり、体調改善後も離床時間が短くなっていたケースへのアプローチである。

F-SOAIP を活用した日常場面でのアプローチケース
概要：A さん　（60 代、男性、要介護 3、小脳出血）

【介護福祉士の記録（体調改善後）】

F	**離床時間の延長に伴う姿勢崩れ**
A	解熱後、離床後 1 時間程度で姿勢の崩れが生じるため臥床するようにしていたが、1 日の離床時間が平均 6.0 時間であり、活動リズムの構築のため離床時間の延長が必要と考える。
I	本日より離床時間を延長する取り組みを行う。
O	車椅子離床後、1 時間経過時点より右側への傾いた状態となっている。
S	「きつい、寝る」
O/I	介助にて座り直しを行うが、姿勢を戻すものの修正後 5 分程度で右側へ傾いた状態となる。
A	本人の訴えにより、疲労感はある様子。現状での座位姿勢では疲労時は臥床による対応となるため、姿勢についての検討が必要と考える。
P	離床時間の拡大に向けて、姿勢について OT、PT へ相談する。

介護福祉士より依頼があり、OT、PT が本人の状態を生活場面で確認した。

【OT の記録（介護福祉士から情報を受けた翌日）】

F	**座位の崩れに対する車いす調整**
S	「ずっとだるい感じがする」
O	（介護福祉士）1 時間前より車いすで離床しており、徐々に右側に姿勢が崩れている。
O	正中に戻るよう促すと一時的に修正できるが持続はしない。座る位置の傾きはない。
A	何らかの体幹機能の低下により座位保持時間が低下している様子。車いすの背・座面を調整して対応する必要がある。
I	座クッションおよび車いすの背張りをアップライトな姿勢を支持するよう調整。
O/I	「さっきよりいいよ」と話しており、右側への傾きは改善した。
P	座位時間の延長に伴う変化を確認していく。

【PTの記録（OTが車いすを調整してから1週間後）】

F	椅子による座位の崩れの解消
S	「きつくなったら体が崩れるわ」
O	（OT・介護福祉士）：車いす調整後、2時間程度の座位はとれるようになったが、それ以降は崩れが生じやすい。
O	車いす座位をとった直後の姿勢は良好だが、徐々にバックサポートへの寄りかかりが強くなっており、その後右側に傾いている。
A	本人は体幹を垂直に保とうとするが、車いすの座面角度により後方に傾き、そのことが疲労および姿勢の崩れにつながっている可能性がある。座面角度がない椅子に座ることが有効と考える。
I	椅子への座り替えを実施
O/I	「きつくないわ」との発言があり、姿勢も良好である。
P	椅子に座って過ごすことを多職種で共有する。

これらの取り組みを踏まえ、多職種カンファレンスを実施した。以下はカンファレンス時の記録である。

【多職種カンファレンスによる対応の検討】

F	①椅子への座り替え、②座位活動の提供
O	①離床して1時間で右側に姿勢が崩れているため、食事、排せつ以外での離床拡大は難しい状態であったが、椅子への座り替えを行うことで、連続2-3時間の離床ができることが確認できた。本人から疲労感の訴えも聞かれなくなっており、表情も穏やかになっている。
A	（PT）①しばらく椅子で様子を見ているが、本人にとって後ろに傾いている車いすより、座面がフラットな椅子の方が疲労しにくい様子。座り替えに介助が必要だが、日中の活動リズムをつくるために椅子で過ごせるよう援助していくのが良さそう。
A	（介護福祉士）①これまで姿勢が傾く度に修正が必要であり、本人と介護スタッフの負担は大きかった。それを考えると椅子で過ごすようセッティングした方が援助しやすいため、椅子への座り替えを行う。
A	（OT）②疲労なく起きられるようになれば、これまで趣味で行っていた絵を描くことが再開できそう。食後の時間などを活用し、活動のセッティングを行っていく。
P	①基本的な取り組みとして、移動は車いす、座位活動は椅子で行う。②座位活動として、趣味である絵を描くことを提供する。

多職種カンファレンス後、椅子への座り替えが日常的に行えるようになり、離床時間は当初の平均6.0時間から平均10.3時間にまで拡大することができた。また、趣味活動である絵を描くことも再開できた。

★1　会議の場合は、多職種で責任を持って会議録を作成できる場合、AやIも（職種）を付すことができます。

まとめ

　今回の取り組みにおいて、チーム間で様々なデータを共有しながら取り組むことの重要性を再確認した。LIFEに関する厚生労働省からのフィードバックは、執筆時点（2021年8月末）では全国から提出されたデータ数や平均値、割合のみの暫定版である。現時点の情報で見ると、今回紹介した取り組みのようにLIFEによる静態的データを分析し、日々の実践をF-SOAIPで記録して動態的データとして活用することが必要と考える。これはフィードバックが本格化しても必要なことであり、① F-SOAIPを活用したケース毎のPDCA、② LIFEの自施設データ分析によるPDCAが基本となり、③フィードバックを踏まえたPDCAが活用されるものと考える。老健は在宅復帰および在宅生活の継続を支援するうえで、地域においての重要なサービスである。老健での取り組みが、訪問リハビリテーションで支援する在宅生活に直結していくように、LIFEやF-SOAIPのデータの利活用を進めていきたいと考えている。

今後の展望と期待

　LIFEについては今後、フィードバック内容が拡充され、全国の介護事業を含めたPDCAサイクルが促進されることが望まれる。データの利活用が進むなか、医療・介護現場においてデータ集積、分析を行ってきたPT・OT・STの存在意義が大きくなると考える。また、データ収集においては、今後IoTや介護ロボットの活用によるものも増えてくるものと予測されるため、F-SOAIP等の記録を含めた膨大なデータの処理が必要になってくる。介護分野における人的リソースには限りがあるため、データの利活用を視野に入れた記録システムの開発が進むことを期待している。

生活支援記録法（F-SOAIP）で用いる6項目	
F：Focus	着眼点、ニーズ、気づき ※場面を簡潔に表現、最後に記載
S：Subjective Data	主観的情報、利用者の言葉 ※キーパーソンは続柄として記載
O：Objective Data	客観的情報、観察、他職種からの情報や対応
A：Assessment	アセスメント、解釈、判断 ※ SOをふまえた根拠
I：Intervention/ Implementation	援助者（記録者本人）の対応、声掛け、介護
P：Plan	計画、当面の対応予定

※ F-SOAIPを個別支援の経過記録に用いる場合です。

1) 令和3年度介護報酬改定について .https://www.mhlw.go.jp/stf/seisakunitsuite/bunya/0000188411_00034.html ［2021年8月24日閲覧］

報告2 ▶▶▶ 生活支援記録法 "F-SOAIP" の過去・現在・未来～埼玉県での職能団体連携～ ～作業療法士の実践報告～

在宅リハビリテーションセンター草加 作業療法士　髙橋 暢介
埼玉県作業療法士会　訪問リハビリテーション振興委員会 委員長
Keyworld：コラボ研修 生活支援記録法 人材育成職能団体

グループワークでの使用意義

　埼玉県作業療法士会 地域包括ケア推進部会企画の埼玉県介護支援専門員協会とのコラボ研修が2022年1月に予定されている（詳細はHP参照。https://www.ot-saitama.or.jp）。内容は、作業療法士と介護支援専門員（以下ケアマネ）がファシリテーター付きの6～8名のグループになり生活支援記録法（以下、F-SOAIP）を使用し、日常業務の疑問や不安を提示し、その場で解決策を得るというものである。その後の発表で、研修参加者同士が他グループと解決策の情報共有が可能な研修内容となっている。職能団体同士がコラボ研修を通じて、相互の職業理解とF-SOAIPによる人材育成にて日常業務へ応用されるという意義がある。

期待される効果

　本コラボ研修会にて、埼玉県内の作業療法士とケアマネがグループワークを通じて相互の職業理解をする事は臨床での多職種連携につながると期待される（表1）。また、意見交換時に研修メモとしてF-SOAIPを使用することは他職種間の共通言語および人材育成となり、臨床でのF-SOAIP使用まで波及することも期待される。

●以下、2021年度大学間連携運営連絡会議 SAIPE（https://www.saipe.jp/）　第1回ワーキング会議での報告より抜粋
『月刊ケアマネジメント』誌（2021年11月号）にて、埼玉県介護支援専門員協会担当者が発信

埼玉県作業療法士会の地域包括ケア推進部会（部員約15名）
埼玉県介護支援専門員協会の地域包括ケア支援部（部員約20名）
【課題】介護支援専門員と作業療法士がお互いの疑問を解決する機会および研修会がないこと。
【目的】介護支援専門員と作業療法士が合同研修会を通し学び合い、相互理解を深めることで地域支援（地域ケア会議や総合事業等）における有機的な連携の促進を図ること。
【内容】指定演題および参加申し込み時に記入して頂いた作業療法士と介護支援専門員のお互いの質問内容をファシリテーター付のグループワークを利用し、メモとしてF-SOAIPを使用する。グループワーク後は、参加者達の情報共有としてF-SOAIPを基に発表を実施する。

■作業療法士→介護支援専門員への質問
【質問1】誰もが住みやすい街づくりについて不足していると感じることはありますか？
【質問2】退院時にリハビリ専門職から本当に欲しい情報は何ですか？
【質問3】個人だけではなく、家族・世帯単位でのケアが必要なケースの支援はどのように行っていますか？
【質問4】訪問看護事業所に新規利用者の申し込みをする際、申し込みたいと思う事業所の判断基準は何ですか？

■介護支援専門員→作業療法士への質問
【質問1】「もう年だから」と言ってリハビリを行うことに消極的で、本音は「リハビリなんてしたくない」と思いながらリハビリをして効果が出てくるものなのか？
【質問2】認知症の利用者はリハビリの指示が入りにくく持続することも難しいと思うが、リハビリの効果を感じることはあるのか？
【質問3】OT・PTが実際に訪問リハビリを提供する時、それぞれの職種がどのように専門性を活かして介入しているのか？
【質問4】作業療法士とケアマネがお互いの業務をどの程度理解しているのか？

表1
グループワークでの F-SOAIP 使用例　専門職のリフレクションとして活用

項目	内容	
F	リハビリに消極的な利用者	
S	ケアマネ	：「もう年だからと」本音はリハビリなんてしたくないと言う方がいます。
	作業療法士	：原因はいろいろあると思うが、臨床では時々見かけますね。
O	ケアマネ	：利用者の対応に困っている。
A	ケアマネ	：リハビリをして効果は出てくるものなのか。
	作業療法士	：消極的な原因分析が必要と思われる。
I	ケアマネ	：利用者の話を傾聴する事にした。
	作業療法士	：「興味関心チェックリスト」を使用してみたい。
P	作業療法士が利用者の真意を理解し、ケアマネへ経過報告をする。	

★2
　F-SOAIPは経過記録の原則を超え、広く応用されています。経過記録で用いる場合とは異なりますので、留意してください。
　その1つが、研修時等の活用です。Fに対する各専門職のリフレクションの結果を、全項目に専門職名を明記しています。
　http://seikatsu.care/ には、髙橋氏が小川先生の講演に関心を寄せたバージョンの応用例もありますので、ご確認ください。

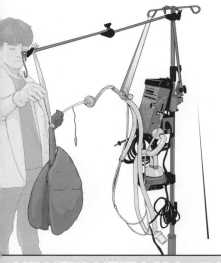

お申し込み
お問合わせ **https://www.tomoa.co.jp/** 株式会社ともあ 検索

株式会社ともあ

〒460-0007 愛知県名古屋市中区新栄3丁目8－7 シャロウェルプリモ 603号
TEL：052-325-6618 FAX：050-3606-5916 e-mail：publisher@tomoa.co.jp

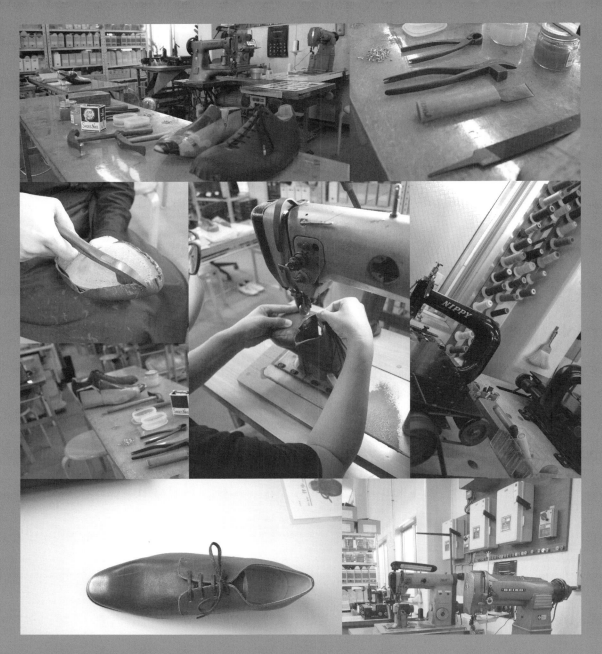

靴職人さんと
自分が履ける靴を
作りませんか

名古屋の靴作りスクールの場を一部お借りして、自分にあった靴作りを体験できます。
一般の生徒さんに混ざって、世界に一つだけの靴をつくります。

自分らしい靴作りのサポート
伴に歩む 伴歩 tomoa

今日は
レストランに予約

お洋服と靴を
ちょっとお洒落してでかけたいな

その思いをサポートします。

障害が
あってもなくても、
履きたい靴を
えらびたい

CURRICULUM カリキュラム

第1部 講義	第2部 実習	第3部 実習	第4部 実習	第5部 実習
・靴づくりを知る ・靴ができるまで・資材選びと製造 ・革、工具やミシンになれる	・型紙づくり・仮靴づくり	・各シューズの甲革（アッパー）を作る ・素材選び・型紙・裁断・縫製	・各シューズを釣り込む ・専用工具（ワニ他）になれる ・木型選び・底づけ・仕上げ	・各シューズを仕上げる ・底貼り・仕上げ作業
1回	2回	2回	2回	1回

※全8回予定　期間：3ヵ月間　カリキュラム内容は予告なく変更することがございます。

スクールの概要

定　員	2名〜3名（最小催行人数2名／講師1名）
回　数	全8回予定
期　間	3ヵ月間
開始時期	2022年1月コース・4月コース・7月コース・10月コース
受講料	74,500円（税込み）
場　所	愛知県名古屋市西区

気になった方は、まずお気軽にお問い合わせください。
名古屋まで通えないけど、デザインだけしてみたいという方もぜひご相談ください。
一緒に靴を作りましょう。

連絡先　：株式会社ともあ　担当／直江　052-325-6618

名古屋市中区新栄3丁目8-7 シャロウェルプリモ603号
mail: publisher@tomoa.co.jp

ともあ
自分らしい靴えらびのサポート
伴に歩む　伴歩　tomoa

訪問リハビリテーション

トラブルと解決法

利用者・家族からの クレームなどによる トラブルと解決法について

有限会社 総合医療企画 さやまリハビリ訪問看護ステーション
理学療法士
髙橋 正浩

1. はじめに

　訪問看護ステーションの所長や管理者にとってスタッフの行動管理は、常に気にかけていることのひとつだと思う。訪問看護ステーションは病院や施設サービスと違い「居宅サービス」の中のひとつである。訪問して行うサービスの難しいところは、利用者家族の生活圏にこちらから入っていって、本人だけでなく家族の前でサービスを提供するという点にある。毎回家族の前で訪問看護を行っていれば、本人は気にしていなくても、家族が気に入らない、ということもある。そのため訪問サービス従事者は、施設サービス以上に接遇やサービスの質を求められる環境であるといえる。本稿では年々、小児への訪問看護は増加傾向にあり、対応可能な看護師、療法士の確保や育成も急務となっている現状に着目して考えていく。

2. クレーム発生の背景

　クレームには訪問する曜日や時間の急な変更、遅刻などの迷惑、声かけの仕方や言葉遣い、自宅での立ち振る舞いなどの接遇に対する内容が多い傾向にある。

　まず、本稿で述べる利用者・家族からのクレーム等によるトラブルは、"時代背景があることから生じること"を知るところから始まる。社会情勢の面からも1980年代にアメリカで流行した顧客満足（Customer Satisfaction；CS）の考えが日本に伝わり、特に1990年代に広がっていた患者満足度を上げるというかたちでの接遇研修も取り組まれていた。一方で、その実際は言いなりになるといったモンスターペアレント、ハードクレーマーが多数現れた時代でもあり、接遇対応ではどうにもならないトラブルも発展してきているのも現

実である。筆者自身も新人の頃、「患者さん」と呼んでいた時代から、いつの頃からか「患者様」と呼ぶことが増えて、本来対等であるべき関係に歪みが生じてきている話を思い出す。その実際は『患者様』を『お客様』と勘違いしてしまうことで「誤った権利意識」や「変なお客様意識」をもつようになり、さまざまなトラブルの原因となっている。

支援者へのクレーム、理不尽な要求、迷惑行為、暴言・暴力、ネット掲示板での中傷、慰謝料や損害賠償請求、告訴などがエスカレートしてきている。現代ではスマートフォン等で情報検索することでさまざまな事例、対応を知ることができるようになり、より一層事業所として組織での対応が求められている。身近な日常業務の中では、「初回」「ひさしぶり」「担当変更」という場面に遭遇したときが、事故やクレームに至る可能性が高い状況であり、特に注意が必要です。つまり、不慣れな環境の場合には、注意を払う必要がある。

3. 事業所としての準備

基本的なことだが、訪問看護ステーションはおもに介護保険と医療保険のサービスを提供している。訪問看護における契約には「居宅（訪問看護）サービス契約書」と「重要事項説明書」がある。「居宅（訪問看護）サービス契約書」には、契約の目的・契約期間・訪問看護の内容・訪問看護の利用料金・利用料金の滞納・契約終了・賠償責任・秘密保持・苦情内容などに関する記載が必要である。「重要事項説明書」には、事業所の概要・運営方針・職員体制・営業日（時間）・事故（災害時）の対応などに関する記載が必要となる。ここで確認したい。契約は「介護保険」「医療保険」両方とも行っているだろうか。介護保険の訪問看護では義務づけられているが、医療保険での訪問看護においては契約書の作成は義務づけられていない。しかし、後々のトラブルにつながりやすい部分なので、書式を作成し、説明のうえ、署名・捺印をもらっておいた方がよいだろう。

事業所内で準備すべきポイントを図1に示す。

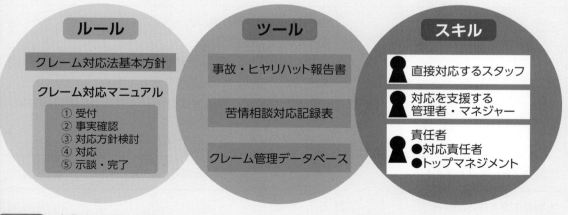

図1 事業所で準備すること

表1　クレーム対応の基本

①利用者・家族の気持ちを思いやる	まずは気持ちを思いやる 不快感を抱かせてしまったこと、迷惑をかけたことに対しては誠実に謝罪する
②クレーム・苦情を見分ける	事実確認　※メモを取る際は了承を得ること 利用者・家族側の主張だけで事実と判断しないこと 事実確認をした上で、過失があるかどうかを検討 対応初期では賠償責任を認めず、過失に対する謝罪は事実関係を確認した上で行う 苦情に対し、確認・調査する責任は認めるが、相手の一方的な避難内容を事実として認めたり、過度な期待を持たせるような言動はしない 他の職員に対する非難や責任の転嫁は絶対にしない
③詳細な記録をとる	対応日時、相手の氏名、応対内容をできるだけ詳細に記録 記録は「いつ」「誰が」「どこで」「誰に」「どうして」「どうなったか」がわかるように
④怒りなどをエスカレートさせる行為はしない	議論しない 責任転嫁しない 苦情であっても、不誠実な対応はしない　※クレームに発展する可能性が高くなる
⑤対応場所を選ぶ	孤立しない場所で複数 相手との距離、角度 相手の自宅、会社に呼び出されても応じない（過失の有無に影響） 湯茶接待、灰皿、花瓶などは置かない（凶器）
⑥対話法を学ぶ	開始数分間は原則反論しない 相手の要件を明確にさせる 多弁は禁物 意思表示は明確にする。拒否の場合は特に行う。 「検討します」「相談します」という言葉は余計な期待感を抱かせる点で使わない。 相手の挑発にのらない　相手の要求に即答しない
⑦録音できる環境も考える	※状況によっては、録音も必要
⑧職員の身を守ること	

ルールとは基本方針とその実現のための体制や判断基準、対応のプロセスのことである。誰がどのような役割と責任を持ち、どのような手順で対応していくのかを明確にしておく必要がある。これがバラバラでは、組織的な対応とはいえない。苦情に対して臨機応変に対応するという面もあるが、これらのルールを明文化されたマニュアルにすることで利用者家族への合理的な対応の基盤を作るとともに、リスクを最小化することにもつながる。また、**表1**に示す通り、クレーム対応の基本姿勢とフローチャートになったマニュアルが確認できれば受け付けた時点でのサービス担当者が一時対応することも可能である。事故・ヒヤリハット報告書と苦情相談については別途文書の作成とマニュアルを用意する方がよい。

クレーム対応のマニュアルを作成した後は管理者、スタッフへの周知の機会をつくることも必要である。誰もが、いつでもチェックできる体制作りを行うなど、事務面の整備を強化して、念には念を入れたい。無理をせずに困った時には必ず管理者や他のスタッフへ相談して対応できるよう解決への糸口を見つけていく姿勢が重要である。

4. 小児におけるトラブル発生原因と解決方法

小児に関わる際には気をつけていることがある。

訪問看護を提供している訪問看護師、セラピストはチルドレン・ファーストの考えのもと、子どもを中心に展開されるサービスのなか、家族の気持ちを理解し、寄り添うことも勤めといえる。双方の判断の見極めが重要ななか、不用意な行動、発言が不信感につながる場合もある

ためである。それでは実際の3つのケースを紹介する。

【ケース1】接遇面

母親より主担当者へ相談があった。
「曜日によって複数名の方が訪問対応している場合があり、あまり年齢のことは言いたくないけれど職員の話し方、接し方が気になります。子どもの情報もAさんはスムーズに次どうするかも知ったなかで話ができますが、Bさんはその展開がありません。事業所内できちんと情報を含め連携しているのか悩むことがあります」

サービス提供の際、複数の看護師、療法士が関わることもある。

今回は特定のスタッフが訪問時にとったコミュニケーション、事業所内での情報共有、関係スタッフの理解に課題があった。主担当者は上司に相談し、関係スタッフでカンファレンスを行い、関わり方について確認した。事業所内での連携についてはスタッフによって本児の情報整理、理解が追いついていないなどがあり、主担当者がいるからとサービス提供のみに徹してしまう場合もあり今後の課題となった。本来は各職種のサービス提供時の責務であるから大いに反省すべき点である。チームとして働いているので他人事にせず、フォローし合うことや、各スタッフが自分でできる対応は何かを考えて行動することが大切である。

接遇面で留意したいのは「話し方」である。短期・長期に関わらず家族に対してどの程度、節度をもって話をしているか、子どもに対しても実年齢とはそぐわない話し方になっていないか、今一度確認が必要であった。これは介護保険領域にも共通する「幼稚で馴れ馴れしい」に

も類似したサービス提供者の資質、育成に課題があった。

　小児訪問看護では、家族からのクレームを受けることが多い。家族との信頼関係の構築が欠かせないといえる。特に母親との関係が重要となるが、誰に何を伝えればよいかは関わっているスタッフに対して明確に「分けて」話をされていることもある。チームで動く以上は、情報共有、情報更新を意識していく必要がある。

【ケース2】環境面

「訪問日と訪問時間（スケジュール管理）変更は、いつまでに連絡すればいいですか。
ショートステイ期間中に訪問してくれた方がいて…
訪問時に部屋の片づけができていないときがあるのですがいいですか」

　医療的ケア児や重症心身障がい児へ対応している場合、月数日ショートステイ、受診日、往診日等の予定がある。通園、通学している場合は学校の行事なども加わり、訪問日などが変更になる場合がある。訪問キャンセルについては重要事項説明書を説明し、ご理解いただく必要がある。体調変動時のキャンセルも訪問看護師が訪問可能であること、振替訪問も相談可能なことを伝えている。

　ショートステイについては、複数名同じ状況の子どももいる場合を想定し、スケジュール管理は事業所内で工夫する必要がある。家族には予定が確定した段階で情報収集し、急な変更などは適時スタッフ間で共有する。急な変更ではない場合のスケジュール管理もスタッフの情報収集能力にも左右されることもあるため、ツールを複数で管理できるとよい。具体的には下記のように対応している。

①カルテへの記載
②別カレンダーに全利用者のショートステイ期間を記入
③キャンセル等は別途担当者へ連絡し合う、など

　部屋の片づけについては、家族にご無理のない範囲でとお伝えしている。看護師、療法士は訪問時のみサービス提供を行っているが、母親はほぼ24時間子どものケアに関わっているため、「危険が想定される」こと以外はサービス提供と線引きした行動、言動を行うようにしている。

【ケース3】サービス提供者（主担当、副担当）の技術、経験不足

「A事業所とB事業所でリハビリテーション内容が違います。Bのようにやって欲しい。
外来で関わっているセラピストと同じ関わり方、方針で家でもリハビリテーションを統一してほしい」

　子どもさんの病状、病態によっては1週間に何人ものセラピストが本児に関わっている場合がある。病院、療育機関、訪問看護ステーションなど、多機関が関わることでさまざまな意見があり、家族が混乱してしまう場合もある。本ケースでは特定の方法、方針に合わせてほしいということだった。

　●●セラピストと同じことをしてほしいという家族の想いを聴取し、各機関の介入目的の整理や今後どのように関わっていくかも共有するため、実際に外来リハビリテーションを担当している様子を撮影し、各機関のセラピストで確認して情報共有した。家族からは訪問リハビリテーションと外来リハビリテーションの視点、展開、助言の違いを感じ取っておられ、訪問リ

ハビリテーション提供者に教育的な意味合いが
あるご様子だった。

　結果的に、連携ノートを用いて各セラピスト
は情報共有を行い、各視点から課題整理をする
取り組みを始めた。スタッフからの意見として
は病院に比べると小児への経験年数、担当数、
教育体制も脆弱であり、家族の想いを尊重する
一方で各機関の介入目的が不明確な点もストレ
スと感じてしまう意見もあった。本ケースでは
最終的にはA事業所では訪問担当者の変更、B
事業所では特定のセラピストを固定するという
対応をとる結果となった。各事業所は小児対応
可能なスタッフ数にも限りがあり、他のスタッ
フへのしわ寄せも生じてしまいお互い様の部分
もあるかもしれないが、他スタッフへの配慮も
必要である。管理者は訪問担当者へのフォロー
にも注目して所内で関わっていく必要がある。

5. 予防的にクレームを減らす 取り組みとは？

　前述した3つのケースともに幸い重大事故に
はつながっていない内容にはなる。しかし、現
場スタッフは重症心身障がい児、医療的ケア児
への支援に関わることも多く、ヒューマンエ
ラーを含め予防的な対応が必要といえる。小児
訪問看護初学者にとってもリスクマネジメント
を含め、リハビリテーション実施内容を手順書
としてまとめてみるのもよいだろう。子どもの
状況を把握し続け、所内、外部機関と連携でき
る姿勢が必要といえる。結果として家族との信
頼関係を構築できると考えている。

6. まとめ

　訪問看護師、セラピストは、名指しでクレー
ムを受けることが多いので、正当なのかその逆
なのかも区別して対応する必要がある。クレー
ム社会の現代では、正当でない例は次につなが
る教育的な宝などでは決してない。どんなク
レームでも落ち込む。仕事に対する自信を失い、
他の業務に支障をきたす場合もある。しかし、
クレームの中には、相手が改善を期待している
とも考えられるため、成長のチャンスととらえ
ることもできる。

　家族と支援スタッフが主従関係を結んでいる
わけではないなか、さまざまなトラブルに遭遇
することはある。今回、紹介したクレーム対応
の手順とポイントを参考にし、クレームを受け
るだけでなく、解決に向けて取り組む姿勢で対
応してほしい。

連載
第5回
(全6回)

訪問リハビリテーションで
障害福祉制度を活用しよう

社会医療法人社団 三思会 東名厚木病院
診療協力部 リハビリテーション科 理学療法士 **古谷 直弘**

リハコネ式! 訪問リハのためのルールブック【第二版】
2021年7月31日刊行　ISBN：978-4-910393-49-0
編著監修…杉浦良介　監著………大橋恵、喜多一馬、中山陽平、古谷直弘　　発行：株式会社ともあ

2021年
介護報酬
改定対応

1. はじめに

　本年4月から始まったリハコネ式!の連載も、第5回目となり終わりを迎えつつある。本年7月に改定された「リハコネ式!訪問リハのためのルールブック 第二版〜訪問のお作法と知っておきたい他サービス・ステージの制度理解〜」[1]では、障害者総合支援法の概要を紹介した。

　障害者総合支援法は、障害福祉サービスと自立支援医療や公費負担医療から成り立つ。障害福祉サービスは、訪問リハ担当者が神経難病や発達障害などの事例を担当する機会がなければ、関わりも少ないように感じる。

　しかし、令和2年版の障害者白書は、身体障害者の総数を426万人とし、そのうち身体障害を持つ65歳以上の高齢者の割合を72.6％と報告した[2]。超高齢化社会において、障害を抱える高齢者が増えることを容易に想像できるだろう。さらに、令和3年度の障害者総合支援法の改定では、作業療法士の配置により加算がつくよう評価された。

　これから、訪問リハに従事するリハビリテーション専門職も、障害福祉サービスについての理解を深め、必要な知識として備える必要があると考える。

　本稿では、障害福祉サービスの活用について事例を通して紹介する。

2. 事例紹介1

Aさん / 50代 / 男性 / 要介護5 / 身体障害者手帳1級 / 障害支援区分6 / ALS / 独居

　Aさんは、3年前にALSに罹患した。疾患の進行に伴い、現在は人工呼吸器で呼吸管理、胃ろうからの経管栄養を行っている。現在利用中のサービスは、月2回の訪問診療、週1回の訪問入浴介護、1日1回の訪問介護を週7日、1日2回の訪問看護（医療）を週7日（2ス

テーション利用）である。約1ヵ月前に誤嚥性肺炎で入院した。入院中に栄養状態の低下、るい痩が進行し、褥瘡予防のための頻回な体位変換が必要となったほか、頻回な喀痰吸引が必要となった。

しかし、現在利用している介護保険サービスは、既に支給限度基準額の上限に達しており、介護保険サービスを追加しての体位変換や喀痰吸引の対応が困難であった。さらに、既に介入している訪問看護ステーションもスタッフの不足により訪問回数を増やす対応が困難だった。

（1）介護保険と障害福祉サービス

障害福祉サービスは、介護保険サービスと類似するサービスが多い。たとえば、介護保険の「訪問介護」は、障害福祉サービスの「居宅介護」や「重度訪問介護」に相当する。これらは、重複するサービスと定められる。原則として重複するサービスは、介護保険の適用（介護給付）が優先される。

一方で、介護保険に存在しないサービスがある。たとえば、障害福祉サービスにおける就労継続支援A・Bは、介護保険には存在しないサービスである。

これらのサービスは、介護保険を活用する利用者の状態に応じて上乗せサービスまたは横出しサービス[3]として提供されることがある（図1）。

ただし、上乗せサービス、横だしサービスについては基本的に市町村の判断によるところが大きいため、確認が必要である。

（2）Aさんに対する上乗せサービスの利用

Aさんに対する介護保険サービスの量を増やすことは、現在の介護度では難しかった。しかし、Aさんのケアマネは、Aさんが障害者手帳を持っていることを思い出し、早速、市町村の障害福祉担当に上乗せサービスの利用可否について確認をした。するとAさんは、上乗せサービスの利用が可能であったことから、障害福祉サービスの重度訪問介護の利用を開始した。Aさんの担当となった重度訪問介護の職員は、喀痰吸引や経管栄養の実施が可能だった*。

上乗せサービスの追加により、Aさんは褥瘡や誤嚥性肺炎の再発を起こすことなく過ごせるようになった。

> **＊介護職員による喀痰吸引について**
>
> 介護職員は、指定された研修を受けることで利用者の喀痰吸引や経管栄養が可能となる（第1号、第2号、第3号研修）。研修の種類によって、特定の利用者または不特定多数に実施できる。

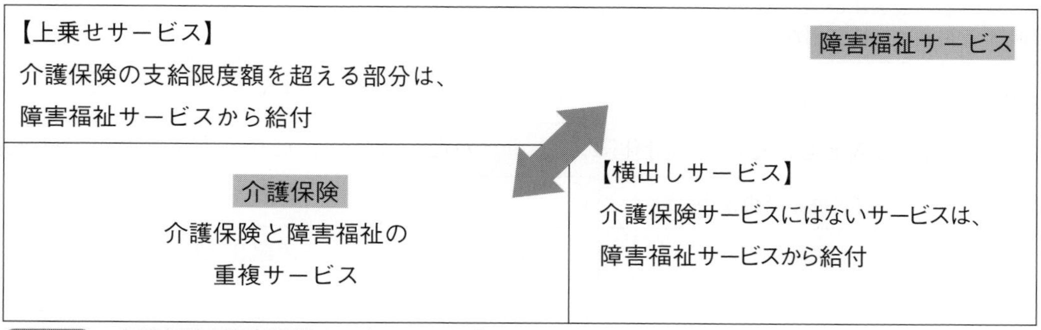

【上乗せサービス】
介護保険の支給限度額を超える部分は、
障害福祉サービスから給付

障害福祉サービス

介護保険
介護保険と障害福祉の
重複サービス

【横出しサービス】
介護保険サービスにはないサービスは、
障害福祉サービスから給付

図1 介護保険と障害福祉サービスのイメージ

3. 事例紹介2

Bさん／70代／女性／要介護5／身体障害者手帳1級／障害支援区分6／多系統萎縮症／夫、娘と同居

　Bさんは4年前に多系統萎縮症に罹患し、このところ徐々にADLが低下してきた。Bさんの訪問リハスタッフであるCさんは、徐々に意思伝達が困難となることを予測し、Bさんに意思伝達支援装置の導入を提案していた。しかし、Bさんは「まだ話すことができるから」という理由で、意思伝達支援装置の導入については否定的だった。

　最近、Bさんの嗄声が強くなり、Bさんの家族やケアマネ、CさんはBさんの発語を聴取することが困難となった。コミュニケーションがうまく取れなくなったBさんやBさんの家族は、日常生活にストレスを感じていた。ときには、BさんとBさんの家族が言い争う場面も見られるようになった。

　Cさんは、再びBさんとBさんの家族に意思伝達支援装置導入の提案を行った。すると、B

さんは「やってみる」と答えた。意思伝達支援装置の導入が初めてだったCさんは、意思伝達支援装置の導入について調べ始めた。

（1）障害者総合支援法における補装具費の支給について

　障害者総合支援法のなかに、補装具費の支給がある。障害者総合支援法で定められる補装具は、さまざまである（表1）[4]。また、補装具費の支給額には、自己負担上限がある（表2）[5]。

　補装具費の支給決定までには時間を要する（図2）[6]。通常、利用者から支給申請を行い市町村で判定を行う。補装具費の上限については、利用者の状態に応じて異なるため選定の際には注意が必要である。

（2）Bさんの意思伝達支援装置の導入について

　Cさんは、まず市町村の障害福祉担当に、Bさんの現状と意思伝達支援装置の導入の可否について相談した。相談の結果、導入可能であろうことを確認したうえで、Bさんの家族が必要書類を揃えて市町村に対し補装具費の支給申請を行った。同時に、Cさんは現在の機能で使用可能と考えられる意思伝達支援装置について調

表1　補装具費の対象品目

障害者	障害児
義肢、装具、座位保持装置、白杖、義眼、眼鏡、補聴器、車いす、電動車いす、歩行器、歩行補助具杖、重度障害者用意思伝達支援装置	左記に加え、座位保持椅子、起立保持具、頭部保持具、排便補助具

表2　補装具費の自己負担上限額

生活保護世帯の人		0円
低所得	市町村民税非課税世帯	0円
一般	市町村民税課税	上限額37,200円と1割の低い方
	所得割額46万円以上	補装具費の支給対象外で全額自己負担

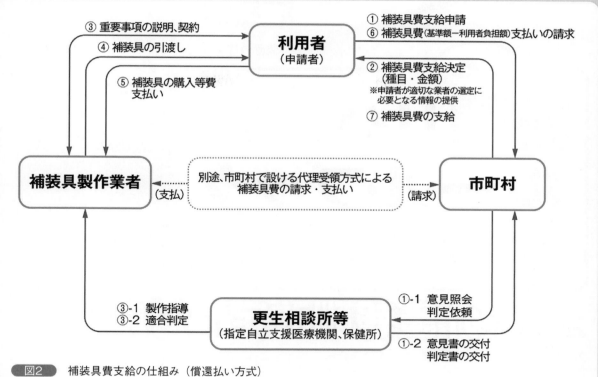

図2　補装具費支給の仕組み（償還払い方式）

べた。手指機能が残存していたため、接点式入力装置を用いたものをBさんとBさんの家族に提案した。支給申請の可否が届く前に、意思伝達支援装置のデモを行った。

　補装具費の支給申請から約2週間後、支給が可能であると通知がBさんの家族宛に届いた。Cさんは、デモを行った業者に連絡し、無事Bさんの手元に意思伝達支援装置が届き導入に至った。

4. おわりに

　訪問リハスタッフが障害福祉サービスと接する機会が少ないかもしれない。しかし、就労継続支援や補装具費の支給など、訪問リハスタッフが関わることができる場面が非常に多い。また、障害福祉サービスの利用等に精通している

ケアマネは、非常に少ない。ぜひ、障害福祉サービスについて理解を深めて、利用者さんに還元してほしい。

参考・引用文献
1) 杉浦良介, 大橋恵, 喜多一馬, 他. リハコネ式！訪問リハのためのルールブック　第2版～訪問のお作法と知っておきたい他サービス・ステージの制度理解～. 株式会社ともあ; 2021. P80
2) 厚生労働省.令和2年版 障害者白書 参考資料 障害者の概況. https://www8.cao.go.jp/shougai/whitepaper/r02hakusho/zenbun/pdf/ref2.pdf（アクセス日 2021.8.15）
3) 厚生労働省. 厚生労働省白書 平成17年度版https://www.mhlw.go.jp/wp/hakusyo/kousei/05/dl/1-2a.pdf（アクセス日2021.8.15）
4) 社会保険研究所. 障害者福祉ガイド-障害者総合支援法と障害者関連法の解説-. 東京：社会保険研究所；2019.p122.
5) 前掲4）, p125.
6) 厚生労働省. 補装具費支給事務ガイドブック　平成30年度　告示改正版対応. https://www.mhlw.go.jp/content/12200000/000307895.pdf.(アクセス日 2021.8.15)

2021年
7月31日
発売!

リハビリコネクト～訪問セラピストが繋がる場所
リハコネ式!

∞

訪問リハのための ルールブック

編著・監修：杉浦良介
監著：大橋恵、喜多一馬、中山陽平、古谷直弘

第二版

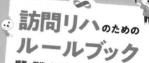

2021年介護報酬改定に対応!!

2020年8月に発行した第一版に、2021年介護報酬改定に伴う内容を新たに反映!
さらに、「通所リハビリテーション」に関する項目を第3章に追加いたしました。

第1章 訪問リハにおけるお作法
①事務所内のお作法　③利用者さん宅のお作法
②他事業所連携のお作法　④その他のお作法

第2章 訪問セラピストが知っておくべき公的制度
【1】介護保険　【4】公費負担制度
【2】医療保険　【5】訪問リハビリテーション
【3】障害者総合支援法　【6】訪問看護

第3章 他サービス・ステージにおける役割と公的制度
【1】訪問診療　【7】福祉用具・住宅改修
【2】訪問看護　【8】居宅介護支援
【3】訪問介護　【9】地域包括支援センター
【4】通所介護　【10】急性期病棟
【5】療養通所介護　【11】回復期病棟
【6】通所リハビリテーション

第4章 他サービス・ステージと連携し奏功した事例

お申し込みはこちら
tomoa-books.jp

リハコネ式! **訪問リハのためのルールブック【第二版】** 編著・監修 杉浦 良介

本体価格 3,300円（本体3,000円＋税10%）
発行元：株式会社ともあ／A5判／214ページ／本文2色／ISBN 978-4-910393-49-0

お申し込み
お問合わせ
https://www.tomoa.co.jp/ 株式会社ともあ 検索

〒460-0007　愛知県名古屋市中区新栄3丁目8－7 シャロウェルプリモ 603号
TEL:052-325-6618　FAX:050-3606-5916　e-mail:publisher@tomoa.co.jp

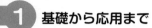
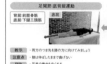

連載
第5回
（全6回）

訪問リハスタッフのための
人間関係力

利用者さんを取り巻いた
多職種との連携

オフィスJOC－Japan Okan Consultant－ 代表 看護師
岡山ミサ子

本連載の教科書

ケアする人をケアする本
医療スタッフのための人間関係力
著/岡山ミサ子

2020年5月12日刊行
ISBN 978-4-905241-88-1
体裁:A5判176ページ
販売価格:1900円+税
発行:株式会社gene
販売:株式会社ともあ

今回使用するワーク

Chapter1 ワーク6	医療・介護スタッフの人間関係の特徴 （教科書P64、67、75、77）
Chapter2	チームの一員としての多職種との コミュニケーション（教科書P64、67、75、77）
Chapter3	多職種（医師）とのつきあい方（教科書P80）
Chapter4 **Chapter5**	巻き込まれないようバウンダリー（境界線）を引 多職種カンファレンスの参加の仕方 （教科書P72）

現在の訪問現場では、リハ技術だけではなく、人と人とのコミュニケーション能力がとても重要になっています。今回の連載企画では、医療職、介護職の人材育成に長年従事された岡山ミサ子先生に御執筆頂き、著書である「ケアする人をケアする本 医療スタッフのための人間関係力」から人間関係力を培うワークを抜き出し、スタッフ一人で悩みを抱え込ませないチーム作り、多職種との連携の方法を、若手育成に悩む中間管理職・事業所リーダーの方に向けてお伝えします。 ——編集

はじめに

　医療・介護の現場は360度の人間関係です。患者・家族への関わりにおいては、どの職種も関係性の構築が求められます。多職種のチームで介入します。さらに地域の医療・介護のスタッフと連携していきます。医療現場の専門職全部に共通しているのは、複雑な人間関係に対応するスキル、ノンテクニカルスキルを身に付ける必要があるということです。ノンテクニカルスキルは、コミュニケーション、チームワーク、リーダーシップ、状況認識、意思決定などを包含総称で専門的な知識・技術です。

　テクニカルスキルが専門技術に対して、ノンテクニカルスキルは非専門技術のことをいいます。医療の現場は多くの専門技術をもった人が患者さんや家族に関わります。

chapter1

医療・介護スタッフの人間関係の特徴

1. 助けたい病の人が多い

　援助職・医療スタッフになった人には、人の役に立ちたい、誰かを助けたいという思いで職業を選んでいる人が多いです。役に立ちたい思いで他者を助けることは、相手を依存させてしまいます。つまり、助けることで、患者さんの自立を削いでいることになります。患者さんが自分の力で考え、行動できるように支える側にまわります。

助けたい病さん　　　　　　　　　（教科書 P64）

2. 患者さんの権利は守り、自分の権利は守らない

　患者さんの権利は大事にしても、自分の権利を守ることはないがしろになっています。医療者である前に人間として尊重されるべき人権を忘れています。患者さんからの理不尽な要求に、振り回されてしまいます。患者さんの権利も自分の権利も尊重し、毅然として対応します。

3.なんでも受け入れようとする

　医療スタッフは優しく、なんでも患者さんの言う通りに受け入れなければいけないと思い込んでいます。

　"受け入れる"は、相手と意見が違っていても自分の考えや思いを曲げてしまうことになります。"受け止める"は、「患者さんはそういう考えなんですね」と肯定します。違うことを自覚したうえで、お互いを知ることがスタートです。

（教科書 P75）

4. 調整役になって振り回される

　医療の現場はいろいろな職種がチームで仕事をしています。チームの調整役を担う人は、それぞれの意見に振り回されて、まるで伝書鳩のようです。調整して振り回されるのではなく、対立を恐れることなく意見を出し合い活かすことです。それぞれの専門家がいろいろな視点で、お互いの意見や考えを出し合います。対立することで、お互いの違いや共通点が見えてきます。そして新たなものを生み出しヒントになります。

伝書鳩さん
（教科書 P67）

5. 医師との対等な関係が難しい

　医療チームは多職種がそれぞれ専門的立場でアプローチし、チームで患者さん・家族への支援をしています。しかし、まだまだ医師の力が強く、ヒエラルキーの中で、言い出しにくい雰囲気があります。そのため、医師との関係を専門職として対等に意見を言えるようにしていく必要があります。アイ（Ｉ）メッセージで私を主語にして、伝えていく訓練が必要です。

（教科書 P77）

6. 医療現場は複雑で多岐にわたる

　医療現場ではひとりの患者さんにいろいろな職種が関わり、支援しています。患者さんを在宅復帰に向けて、外部の支援者と連携するなど関係性は多岐にわたります。患者さんの病態も多様で複雑です。それぞれの医療スタッフが一方的に伝えたり、遠慮して意見を言わないケースもあります。患者・家族へのよりよい支援のためにも、お互いの職種の立場で思いや考えを伝え合うことが大切です。

chapter2
チームの一員としての多職種とのコミュニケーション

　いろいろな職種とチームを組んで治療やケアをしていくので"怖い""嫌だ"という気持ちがあってもチームの一員として患者さんの安心・安全を守るため多職種と協働していく必要があります。

1.コミュニケーションに配慮する
①聞き方
　・メモをとって相手の話を真剣に聞く
　・問いをしてわからなかったことは尋ねる
②確認の仕方
　・不明な点があったら確認する
　・復唱して再度確かめる
③伝え方
　・自分の考えや気持ちを正直に伝える
　・わかったかどうかを意思表示する

2.先輩からみた聞き上手な新人
　先輩に聞き上手な新人はどんな人かを聞いてみると「指導のとき、うなずきメモをとる」「先輩にわからないことはわからないとはっきり伝える」「先輩に自ら質問をして、知らないことは確認する」「患者さんと接している先輩の行動を観察して興味・関心を示している」つまり、素直さや誠実さが求められます。

ポイント1
　新人が多職種との間でミスしたとき、失敗したときは、隠さずに事実と気持ちを伝えてもらいます。また、困ったときには先輩に素直に助けを求めるように伝えておきましょう。

chapter3
多職種（医師）とのつきあい方

　いろいろな職種の人に話を聞くと、医師とのコミュニケーションの課題があがってきます。医師からの指示で現場は動きます。そのため医師と率直なコミュニケーションができないと患者さんの安心・安全は守れません。

1.突然、怒鳴る医師のケース　　（教科書 P80）
　リーダー業務をしていたAナースはPCの前で業務整理していたとき、B医師が突然背後から「おい、誰だ。出した指示をやらないのは、何度言ったらわかるんだ！」と大きな声で怒鳴りました。Aさんは背後からの突然の大声に驚いて、フリーズしてしまいました。B医師の怒りが激しかったので、その場は「すみませんでした」と謝りました。

2.ケースの振り返り
　Aナースは後日、理不尽さに怒りが込み上げてきて、看護師長に相談しました。看護師長に「医師に怒鳴られたときどんな気持ちだったの？」と尋ねられました。Aナースは「大きな声が怖かった。プロとして情けない、くやしい、信頼されないのがさみしい」などの感情が湧いてきたと答えました。看護師長は「その気持ちは、伝えた？」と尋ねました。AナースはB医師の意見に戸惑い、反対意見だったが、とりあえずその場を丸く収めたかったようです。自分の気持ちや考えを伝えず、自分の感情を抑えて「すみませんでした」と謝ったと話しました。AナースはB医師の言動・態度にいろいろな感情があったにも関わらず、表面を装って対応したので、B医師に真意は伝わりません。

ポイント
②

左記のようなケースに新人が遭遇した場合、「私大きな声が苦手なんです。怖くて、心臓がドキドキして、頭が真っ白になってしまいました。小さな声で言葉にして伝えて下さい」など、自分のためにも、相手のためにも、自分の感じていることを素直に反応することを新人に伝えましょう。もし言えなかった場合でも新人の話をきいてあげましょう。

chapter4

巻き込まれないよう
バウンダリー（境界線）を引く

（教科書 P72）

1.バウンダリーとは

バウンダリーとは心理学の用語で、自分と他人の間にある境界線のこと。目に見えない人間関係の中で「ここからここまで自分の領域、そこから先はあなたの領域」ときちんと線引きしていく方法です[1]。

相手と自分とのバウンダリー（境界線）がはっきりしていない人がいます。

相手からの境界線を侵害されて、侵入を許してしまうと、相手の問題に入り込んでしまいます。相手が落ち込んでいるのを見ると、自分も落ち込んでしまったり、相手の気分を変えようと必死になります。これは自分と相手との境界線が曖昧になっているために起こります。相手に巻き込まれないためにも、境界線を引きます。

境界線のない相手には、こちらが境界線を引いて自分を守り、巻き込まれないように対応する

2.境界線を引く方法（自分と他者を分ける線を引く）

○相手からまるで所有物のように扱われたら、その人が心の境界線に入ってきた証拠だと気づく。

○相手からの暴力などははっきり受けつけないという態度を示す。

○相手の問題に頼まれないのにお節介に入り込むのはやめる。

○相手が落ち込んでいたら、その気分は相手に属するものなので、自分が滅入ってしまったり、相手の気分をよくしようと考えない。

○バウンダリーのない相手と話をするときは、プラスチックの透明なカプセルの中に入っているのをイメージして、相手のことは見せるが、侵入できない。

いずれにしても境界線のない相手には、こちらが境界線を引いて自分を守り、巻き込まれないように対応する。

以前の傷つきやすいみっこナース

境界線が引けるようになったみっこナース

引用文献————
1) おのころ心平, 人間関係 境界線（バウンダリー）の上手な引き方, 同文館出版, 東京2018, 3P

chapter5

多職種カンファレンスの参加の仕方

　話し合いをするときは、置かれている立場・職位にとらわれず考えを自由に発言します。カンファレンスの参加時はあらかじめ、「他人の意見を否定したり、批判しない」などのルールを決めておくと安心・安全な場がつくれます。参加するときは、自分以外の職種の立場になってどうすべきか考えます。もし、自分ならどうするかを考えながら当事者意識をもって参加することも大事です。相手の話をきくことは、その人の意見の背景にある真意や意味を考えながら、質問して確かめます。特定の人の意見に偏らず、いろいろな人の意見に耳を傾けましょう。

ポイント
3

新人を多職種カンファレンスに参加させるときは、事前に患者情報を確認して参加してもらいましょう。参加している多職種にどんな情報を知りたいか事前に考えてもらい、参加時に情報を増やしていき患者像が変化する体験をしてもらいましょう。

　在宅で利用者さんや患者さんをみていく場合、自分ひとりではどうしようできないことがおこります。そんなときは、さまざまな専門家を巻き込みながら、現場にある問題を多職種で連携しながら解決していきます。そのためには、チームの一員として自分が得た情報を共有していきましょう。

株式会社 gene リハノメ

人間関係力を**オンライン**でも学べます!!

現在配信中の動画
3. 患者（利用者）さんとの人間関係力（3）
　〜対応の難しい患者（利用者）さんとの関わり〜
1. 医療スタッフのための人間関係力（1）
　　〜私を知ってこそ変わる人間関係〜
2. 医療スタッフのための人間関係力（2）
　　〜多職種との関係性〜

実践報告

調理支援の見直しが介護サービス削減につながった一脳卒中者に対する訪問作業療法

医療法人社団　三喜会　鶴巻温泉病院　リハビリテーション部
作業療法士

中島 恵美

1. はじめに

　我が国の介護保険給付費用は年々増加傾向[1]にあり、なかでも訪問介護は、頻回訪問や過剰なサービス提供が問題視されている。限られた財源を有効に活用し、高齢者の自立生活支援のための見守り的援助を促進するにはリハビリテーション専門職と連携した訪問介護計画の作成が推奨されている[2]。

　本報告では脳卒中後に失語症および高次脳機能障害を呈した事例に対する訪問作業療法を呈示する。事例は認知症の夫との2人暮らしで、同居していない家族の不安から、毎日介護保険サービスを利用するように計画し、回復期リハビリテーション病棟（以下、回復期リハ）を退院した。訪問作業療法では事例の調理動作に着目し、訪問介護の支援方法を見直したこと、支援者に依存していた事例が自立に向けて意志表示し、家族の不安が解消されたことで、利用する介護保険サービスが削減された。

　本報告の目的は、本事例を通して介護保険サービス調整における訪問作業療法士の役割を考察することである。

2. 倫理的配慮

　本報告は、臨床研究倫理審査委員会の承認（承認番号：368）を得ており、事例および家族には報告の目的を口頭・書面にて十分に説明し、同意を得ている。

3. 事例紹介

70代、女性、右利き

1. 現病歴

　左内頚動脈破裂によるくも膜下出血を発症し、同日、開頭脳動脈瘤クリッピング術が施行された。術後は髄膜炎および血管攣縮による左側頭葉梗塞を合併し、第5病日に脳室腹腔短絡術が

施行された（図1）。第52病日、回復期リハに転院、第221病日に自宅退院した。

2. 既往歴

高血圧症（17年前）、多発性脳動脈瘤（3年前）、冠動脈狭窄、腹部大動脈瘤、腰部脊柱管狭窄症（発症年不明）。

3. 家族構成

認知症の夫（要介護1）と2人暮らし。長女は県外、長男・次女は市外在住。夫はADLが自立し農作業できる体力はあるが、服薬・金銭管理は困難であった。

4. 病前生活

元音楽教師、趣味はコーラスで市内の合唱団に所属していた。家では家事全般を担い料理は得意であった。買い物はネットスーパーを利用するか、バスで片道15分の距離にあるスーパーマーケットに行き購入していた。

5. 回復期リハからの情報

事例は重度の失語症が残存し、運動麻痺はないが、入院時はスプーンや歯ブラシが使用できなかった。2ヵ月後は職員とともに院内のテーブル拭き、食器洗い、シーツ交換ができたが、帰宅願望や希死念慮が強く、常に見守りを要した。掃除や洗濯は可能で、調理（カレー作り）は食材を切る、炒める、火の管理、片付けは可能だが工程別に指示を要した。買い物は指定の商品を探すことに難渋した。

6. 回復期リハ退院時の介護保険サービス

介護保険は要介護5と認定された。家族の懸念事項は調理、買い物、服薬、来訪者への対応であった。長男・次女の訪問日（各週1日）以外は介護保険サービスの利用を支給限度額まで調整した。訪問介護は調理支援、買い物支援、服薬確認、通所介護は定期的な外出機会、訪問作業療法（以下、訪問OT）は調理練習を目的に依頼された。家族は1冊の連絡ノートを自宅に配置し、ケアマネジャー・訪問介護員（以下、ヘルパー）・作業療法士（以下、OTR）の3者は支援状況を記載することになった。退院時の食事のスケジュールを表1に示す。朝食は事例がトーストを作り、前夜にヘルパーが作ったサラダを食べていた。事例夫婦の安否と服薬確認を目的に、昼と夜は第三者が食事を用意するか、事例とともに調理していた。

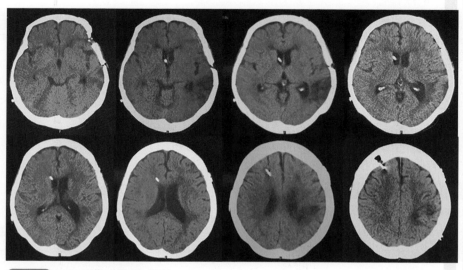

図1　CT画像（第52病日）

	月	火	水	木	金	土	日
朝	事例がトーストを作り、ヘルパーが前日に調理したサラダを冷蔵庫から出して食べる						
昼	訪問介護（買い物）訪問作業療法（調理）	通所介護（施設が食事提供）	次女と調理もしくは買い物	通所介護（施設が食事提供）	訪問介護（買い物）	訪問介護（調理）	長男と調理もしくは買い物
夕	訪問介護（調理）	訪問介護（調理）	次女と調理	訪問介護（調理）	訪問介護（調理）	訪問介護（調理）	長男と調理

4. 作業療法評価 （訪問第1 ～ 6週）

　訪問OTは週に一度、11時から12時までの60分間で昼食作りを評価した。

1. 心身機能

　コミュニケーションは単語とジェスチャーで概ね可能で、短文は理解できず、発話はジャーゴン様で錯語を認め、模倣や復唱は可能であった。注意は転導しやすく、OTRとの会話中に突然夫に話しかけることがあった。OTRが事例宅の壁掛けカレンダーに次回訪問日を印付けると事例は予定を把握できた。身体機能は運動麻痺や運動失調を認めず、感覚は痺れや触覚の鈍さを訴えなかった。低くしゃがみ込んで立ち上がる程度の下肢・体幹筋力、片手でフライパンを取り扱える上肢筋力は有していた。片脚立位、方向転換、段差昇降は支持物なく可能であった。事例は以前のように調理がしたいと意志表示した。

2. 調理評価（野菜炒め）

　事例は冷蔵庫から食材を次々と取り出して夫婦2人で食べきれない量を切ろうとした。フライパンや食器は食材が入りきらない小さな物を選択した。食材の切り方や大きさは、その都度OTRに確認を求めたが、包丁やガスコンロは使用できた。味付け時、食材の加熱時に使用したサラダ油を再度入れようとしたところで制止すると、事例は「（どの調味料を入れたらいいか）わからない」と発言した。

　6回の炒め調理評価において、OTRが食材と道具を予め用意し、事例と一緒に食材を決めることで、食材を選ぶ・切る・炒める・盛りつけることは独力で可能となった。味付けは、棚の手前に置かれた調味料を事例は毎回選択した。事例は食材を加熱する前に使用したサラダ油を味付けとして再度使用することが多かった。OTRが調味料の配置を変えると、事例は手前に置かれた塩・胡椒を使用した。事例が選ぶ調味料を誤った際、OTRが制止して選び直すようにすると、適切なものを選択した。

　訪問介護では、事例は食材を切る・炒める作業のみ行い、献立決め、味付け等はすべてヘルパーが担っていた。

5. 支援の方針

　事例は短文の聴理解や読解に障害はあるが、模倣が可能で、手続き記憶が保たれていることから、調理工程を実践で教示することで学習効果が期待

できると考えた。事例が調理経験を増やし、自立するには週6回の訪問介護の調理支援が重要な機会と考えた。しかし、調理の主体はヘルパーが担っていることから、事例の調理動作能力を共有する必要があった。ヘルパーはできる調理工程を事例に促し、困難な工程は模倣させること、調味料の配置を決めて、事例が適切な味付け方法を経験することが必要と考えた。さらに、事例の能力向上を家族が実感することは事例の生活に対する不安解消となり、介護保険サービスの削減につながるのではないかと考えた。

6. 方法（訪問第7週）

第1回担当者会議で、家族は事例の調理自立を望みつつ、現在は第三者の援助は欠かせないと認識し、現行の支援継続を希望した。OTRの支援方針に対し、ヘルパーは支援時間の制約、家族は事例の失敗経験が増えることを課題として挙げた。OTRは、事例ができる調理工程を実施する間、ヘルパーは別の工程を担い、できない工程は見守ることで失敗が少なく、事例の調理機会が増えると説明した。事例が1品調理を習得することでヘルパーとの分業ができ、調理時間を効率的に利用できると説明した。結果、以下の支援内容でサービス担当者（以下、支援者）および家族と合意した。

1. ヘルパーとOTR

OTRは毎週の評価結果と事例が可能な調理工程を連絡ノートで報告した。ヘルパーは事例が実践可能だった工程は赤線、介助を要した工程は青線でマーキングし、3名のヘルパーの支援に差がないようにした。

2. ケアマネジャーとOTR

訪問OTの時間にケアマネジャーが事例宅に訪問し（3週毎、約10分）、事例の調理動作能力を確認してもらい、OTRは調理支援の頻度見直しについて説明した。

3. 家族と全職種

家族には調理の実施状況を毎週連絡ノートで確認してもらい、目標と支援内容はOTRが作成する訪問リハビリテーション総合実施計画書を通じて説明した（3ヵ月毎）。担当者会議は介護保険サービス内容を検討する際に開催することになった。

7. 経過（表2）

1. 一品調理の自立（訪問第8〜26週）

介護保険の更新で要介護5から3となり、訪問介護の調理支援は週6回（90分／回）が週5回（90分／回×2、60分／回×3）で、大幅な頻度変更はなかった。病前使用していたネットスーパーの利用再開を目的に週1回、60分の訪問言語聴覚療法（以下、訪問ST）が追加された。事例は使用頻度の多い調味料を使用することで炒め調理はできたが、献立決めや味付けはいまだヘルパーが担うことが多かった。事例は「今は先生（ヘルパーやOTR）に教えてもらいたい」と発言した。

第2回担当者会議で、目標は炒め調理以外の献立で調味料を選択できることとした。OTRは使用する調味料の場所を固定する環境設定をしたうえで難渋する味付けの工程を促すようにヘルパーへ再度依頼した。家族は事例の調理能力向上を認識しつつ、「（介護保険の）家事援助の利用で事故なく（事例の）生活が成り立っている」と発言し、支援の継続を希望した。

表2 介護保険サービス利用の変化

		開始時	8週目	25週	30週	52週	78週
訪問介護	調理支援	週6回 (90分／回) →	週5回 (90分×2, 60分×3) →		週3回 (60分／回) →		→
	買い物支援	週2回 (60分／回) →				週1回 (60分／回) →	→
通所介護	—		週2日 →				→
訪問リハ	作業療法	週1回 (60分／回) →				終了	
	言語聴覚療法	—		週1回 (60分／回) →			→

2. 支援外の調理機会（訪問第27～32週）

事例は煮込み料理が可能となり、独力で可能な献立は支援時間内に調理しない方針となった。通所介護では利用者に提供するお茶や味噌汁の調理を事例に任せることとなった。訪問OTの際、事例は「人が（ヘルパーかOTR）いるからできるけど、なるべく（自分で調理を）したい」と表出した。上記内容を第3回担当者会議で報告し、ケアマネジャーは事例の支援を減らす必要性を家族に説明した。家族は支援の変更は事例が混乱すると考えたが、事例に十分な説明をしたうえで約1ヵ月後に調理支援は週5回から3回（90分／回）となった。

3. 献立作り（訪問第33～58週）

事例宅にある料理雑誌を使用し、献立決めから調理をすることとなった。事例は雑誌の文章は読解できないが、写真を見て材料や食材の準備ができた。完成した料理は雑誌の見本写真と併せてタブレット端末で撮影し、毎週家族が閲覧した。訪問OTで難渋した献立は連絡ノートで報告し、訪問介護の時間での再調理を依頼した。

事例宅にある食材を使用した献立決めは、毎回訪問終了時にメインの食材2つをOTRと選び、調理方法は事例が考えて調理した。同様の方法を次女が試すと、炒め、煮込み、麺料理に限るが、再現可能であった。

訪問STではタブレット端末を使用した宅配サービスのネット注文が可能となり、訪問介護の買い物支援は週2回が1回となった。

第74週以降、事例はOTRの訪問前に調理を終えるようになり、独力で調理していく意向を家族に伝えた。家族から支援回数変更の提案があり、第5回担当者会議が開催された。家族は事例の前向きな言動を喜びつつ、サービスの終了は事例の混乱を招くと懸念した。結果、サービス単価の高い訪問OTを終了し、段階的に訪問介護を減らすことになった。

8. 結果（訪問第78週）

事例は調味料の多い献立には助言を要したが、複数の献立を同時並行で調理可能となった。食材を巻く・包むなどの工程は模倣して教示した。訪問介護の調理支援は週3回（90分／回）、買い物支援が週1回（60分）となった。

9. 考察

　事例が回復期リハを退院する際、在宅生活に対する家族の不安から、多くの介護保険サービスが調整された。連絡ノートや担当者会議での発言から、家族が望んだ家事支援とサービス提供内容は一致していたと考えられ、家族は手厚い支援内容に満足していたと推測する。Jaraczら[3]およびMcCullaghら[4]は在宅脳卒中患者への介護負担感は介護者の精神状態と関連があり、患者の身体機能の悪化や介護の継続可否といった、不確実な将来に対する不安が負担感を強くすると述べている。また、Grantら[5]はソーシャルサポートの利用が介護負担感を軽減させる可能性を示している。

　事例に対する支援は安全な在宅生活の観点では有用であり、ヘルパーにとって夫婦2人の食事提供は支援者として重要な役割であった。一方、事例は調理自立が目標であったが、ヘルパーの担う部分が多く、自立支援の観点が不足していたと思われる。

　事例への家事の支援頻度が減った機会は訪問開始から30週（7ヵ月）と78週（1年半）の2度であった。両者の共通点は、事例単独での調理頻度が増えた点、事例自身が能力向上を実感し、独力での調理を希望した点である。退院直後は支援者に依存的であった事例が自立に向けて意志表示したことや、介護保険サービスの支援内容を選択するようになった行動の変化は、家族の不安を解消させる一助となり、支援頻度を見直す機会になったのではないかと考える。

　近年、障害保険福祉領域では、本来持っている力を充分に発揮できない高齢者に対して、自らの能力を発揮できる力を支援者が引き出す過程をさす[6]、エンパワメントが重要とされている。佐野ら[7]は地域在住要介護高齢者において、役割遂行と環境要因が健康関連QOLの向上を示唆する可能性を指摘しており、物理的、社会的な環境調整の他に、役割遂行の満足度が高まることを意図した環境支援が必要であると述べている。

　訪問OTは対象者の能力向上に向けて実際の生活環境で直接的に関わることができる。一方、対象者が主体的に生活を営み、意志決定するための働きかけは、他職種を交えた間接的な関わりが必要である。訪問OTRは対象者の能力を活かす環境整備と実践可能な支援方法を提案する役割があると考える。また、対象者の能力と時期に応じて支援を見直し、適正なサービス調整に貢献することと考える。

引用文献

1) 厚生労働省老健局：介護保険制度をめぐる状況について. 社会保障審議会介護保険部会（第75回）資料3, 2019, p19.

2) 厚生労働省老健局：訪問介護の報酬・基準について. 社会保障審議会介護給付費分科会（149回）資料1, 2017, p4.

3) Jaracz K, Grabowska-Fudala B, Górna K, Kozubski W : Caregiving burden and its determinants in Polish caregivers of stroke survivors. Arch Med Sci, 10 (5) : 941-950, 2014.

4) McCullagh E, Brigstocke G, Donaldson N, Kalra McCullagh L : Determinants of caregiving burden and quality of life in caregivers of stroke patient. Stroke, 36 (10) : 2181-2186, 2005.

5) Grant JS, Elliott TR, Weaver M, Glandon GL, Raper JL, et al : Social support, social problem-solving abilities, and adjustment of family caregivers of stroke survivors. Arch Phys Med Rehabil, 87 (3) : 343-350, 2006.

6) 久保田真弓：エンパワーメントに見るジェンダー平等と公正－対話の実現に向けて－. 国立女性教育会館研究紀要, 9:27-38, 2005.

7) 佐野裕和, 籔脇健司, 佐野伸之：地域在住要介護高齢者の役割遂行と環境要因が健康関連QOLに与える影響—身体機能の影響を含む包括的検討—. 作業療法, 39 (1) : 60-69, 2020.

隔月刊

訪問リハビリテーション
定期購読のご案内

お買い忘れすることもなく、発売日にご自宅・勤務先などのご指定の場所へお届けする便利でお得な年間購読をご検討ください。

定期購読料[年6冊分]
12,000円(送料・消費税込)

定価：2,200円 (本体2,000円＋税10%)
B5判
※到着予定日は配送地域により誤差があります

※定期購読のお取り扱いは弊社へのお申込のみのお取り扱いとなっております。

株式会社ともあウェブサイトまたは、FAXにてお申し込みください

※お電話でもお申込を承っております。 ☎ 052-325-6618

ご購読お申し込みアドレス

https://www.tomoa.co.jp/

携帯電話からも右記QRコードよりお申し込みいただけます。

※お申込み前にお客様携帯メールの受信設定のご確認をお願いいたします。

ご購読FAX申込用紙　　　**FAX番号➡: 050-3606-5916**

◆お名前のフリガナ、連絡先電話・FAX番号、ご住所のマンション・アパート名、部屋番号をお忘れなくご記入ください。
◆枠線内の該当する□に✓をつけてください。

定期購読を □新規 □継続	第11巻・第6号(通巻66号)～第12巻・第5号(通巻71号) 年6冊分を申し込みます
バックナンバーのお申込みは ＿＿に号数をご記入ください	第＿＿巻＿＿号～＿＿号・第＿＿巻＿＿号～＿＿号

お申し込み日：　　　年　　　月　　　日　　　　　□法人　　□個人

お届け先	フリガナ 法人名 もしくは 個人名		部署名		担当者名	
	フリガナ ご住所	〒　　　－				
	E-MAIL					
	電話番号	－　　　－		FAX番号	－　　　－	

ご入金方法を お選びください	□銀 行 振 込　ご入金名　□同上　□右記(　　　　　　　　　)　※同上と異なる場合はご記入ください
	□コンビニ支払 ※コンビニ払込票を送付いたします。(請求書付き)手数料330円 ▶自動継続 (コンビニ支払の方のみです)恐れ入りますが手数料330円はご負担ください □希望する ・ □希望しない

※定期購読の皆様の個人情報は弊社のプライバシーポリシーに基づいて厳重に管理し、『訪問リハビリテーション』本誌及び定期購読に関連するご案内と発送業務に使用させていただきます。その他弊社書籍などのご案内をお送りすることがございます。

お申し込み内容確認後、メール等にて入金方法等のご案内を差し上げます。

お問合せ お申込み

株式会社ともあ 「訪問リハビリテーション」 編集部
〒460-0007　愛知県名古屋市中区新栄3丁目8－7 シャロウェルプリモ 603号
TEL:052-325-6618　FAX:050-3606-5916　e-mail:publisher@tomoa.co.jp

投稿規定

1.募集
「症例報告」
「実践報告」

2.掲載の採否について
①掲載の採否は編集部にて決定します。審査の結果、加筆・修正・削除などをお願いすることがございます。
②著者校正は1回とします
③掲載者には献本として、掲載号を1部お送りいたします。
④国内外を問わず、他誌および他媒体に発表されたもの、もしくは今後発表予定の投稿は固くお断りいたします。

3.執筆規定
①執筆にあたり、対象者あるいはご家族の了解を得てください。また、本文中に了解を得ている旨の一文を付記してください。
②横書き、現代仮名づかい、数字は算用数字とします。本文と図表は分けて作成してください。
③原稿とは別に、以下の事項を記入した点紙を1枚目に添付してください。
　　a.投稿希望区分
　　b.論文タイトル
　　c.著者名(ふりがな)+肩書(理学療法士、作業療法士、言語聴覚士など)
　　d.所属先
　　e.連絡先(住所、TEL・FAX、メールアドレス)
④本文中において、固有名詞(Facebook、iPad、アイスノン、オセロなど)の表現は避けてください
⑤外国人名には原語を用い、タイプまたは活字体で明瞭に書くこと。国外の地名はカタカナ書きとします。専門用語の外国語表記は避けてできる限り訳語を用い、必要に応じて(　)内に原語を入れてください。
⑥原稿は電子メールで下記アドレスにお送りください。図原稿および写真原稿の解像度が低い場合には作成し直していただくか、元の原稿またはそのコピーを郵送していただくことがございます。予めご了承いただけますよう、お願いいたします。

4.文献について
①引用文献は引用順に番号を付して配列、参考文献は筆頭筆者を五十音順に並べて本文とは別に掲げてください。
②本文中で投稿者自身(共著者含む)の文献を引用する場合には「著者(ら)」「われわれ」などの表記を避け、該当論文の執筆著者名を挙げてください。
③文献は規定原稿字数に含まれます。

5.原稿文量
①以下の各欄の原稿枚数については、図・表・写真などは1点を400字と数えてください。
②図・表・写真などをなるべく使用し、視覚的に見やすい原稿の作成をお願いいたします。
　　<例>「症例報告」「実践報告」……原稿文字数:400字詰め原稿用紙=16枚程度

6.著作権について
本誌に掲載する著作物の複製権、上映権、公衆送信権、翻訳・翻案権・二次的著作物利用権、譲渡権などは株式会社ともあに譲渡されたものとします※著作者自身のこれらの権利を拘束するものではありませんが、再利用される場合には事前に弊社あてにご一報ください。

7.引用・転載の許諾について
他著作物からの引用・転載については、著作権保護のため、原出版社および原筆者の許諾が必要です。あらかじめ許諾を得てください。

8.原稿送付・お問い合わせ先
株式会社ともあ　隔月刊「訪問リハビリテーション」編集部
〒460-0007　愛知県名古屋市中区新栄3丁目8-7 シャロウェルプリモ 603号
TEL　052-325-6618　FAX　050-3606-5916　Mail　publisher@tomoa.co.jp
URL　https://www.tomoa.co.jp/

隔月刊

訪問リハビリテーション

Homecare Rehabilitation

第11巻 06

2022年2月15日発行
第11巻・第6号〔通巻66号〕

訪問リハビリテーション 第11巻・第5号

2021年12月15日発行（隔偶数月1回15日発行）
定価：2,000円
年間定期購読料（6冊分）：12,000円（配送料・消費税込）

編　　　集：株式会社ともあ
代　表　者：直江久美
発　行　所：〒460-0007　愛知県名古屋市中区新栄3丁目8－7 シャロウェルプリモ603号
Ｔ Ｅ Ｌ：052-325-6618
メ ー ル：publisher@tomoa.co.jp
Ｗ ｅ ｂ：https://www.tomoa.co.jp/
印刷・製本：株式会社シナノパブリッシングプレス

株式会社 **ともあ** 臨床・実務に役立つ1冊をご紹介します！

書籍のご案内

重症心身障害児者ファーストに
"今何をすべきか"
セラピストの指針となる1冊

2021年
8月30日
発行

実践に基づく**重症心身障害児者の理学療法ハンドブック**

編集・執筆：金子 断行、花井 丈夫、平井 孝明、染谷 淳司

執筆：榎勢 道彦、海瀬 一典、奥田 憲一、高塩 純一、齋藤 大地、辻 清張
要 武志、中 徹、宮本 久志、押木 利英子

豊富な治療エピソードをもつ
経験20年以上の理学療法士による執筆陣

重症児者の歴史的背景を踏まえた療育の理念や、理学療法概念と変遷、理学療法技術の理論的背景や裏づけとともに「発達保障」と「生活保障」の両面から実践的・具体的なアプローチの方法を詳しく紹介。さらには、在宅理学療法や重症児者に関連する福祉制度、チームアプローチ、余暇活動やスポーツ活動、家族支援など、多様なサービスと包括的な支援についても説明がなされ、重症児者に携わる理学療法士は多面的な療育アプローチの実践に多くのヒントとアイデアを得ることができる一冊。

体裁 B5判 250ページ／本文2色
定価 4,950円（税10%） ISBN978-4-910393-51-3

第二版
2021年7月31日発行

2021年
**介護報酬改定
対応!!**

リハコネ式！
訪問リハのためのルールブック【第二版】

編著・監修：杉浦良介 監著：大橋恵、喜多一馬、中山陽平、古谷直弘

介護保険／医療保険／障害者総合支援法／公費負担制度／訪問リハ／訪問看護
訪問リハならではのお作法と制度を見に付けよう！

リハが必要な利用者さんのご自宅で、訪問セラピストがリハを提供する訪問リハでは、セラピスト自身のルールを持ち込むのではなく、その場で生活する利用者さんが決めたルール（普通・常識）を守る必要があります。
第二版では、2021年の介護報酬改定に合わせた内容を新たに反映し、訪問セラピストが、訪問リハならではのお作法と知っておくべき制度をお届けします。
楽しく訪問リハを提供し、多くの利用者さんの在宅生活を豊かにできることを目指します。

体裁 A5判 214ページ／本文2色
定価 3,300円（税10%） ISBN978-4-910393-49-0

認知症コーチング
―私たちのフリースタイル・ケア―
著：鯨岡 栄一郎

認知症のある方と関わる介護スタッフは、日々、関わり方に悩んでいます。本書では、認知症の基礎知識、考え方をご紹介し、介護現場でコーチング技術を取り入れている鯨岡先生より関わり方をスムーズにするコミュニケーション方法として、34種のメソッドをお伝えします。認知症相談室として、介護現場によくある相談を掲載し、対処法を掲載。介護施設に置いておきたい1冊です。

B5判152ページ／ISBN978-4-910393-48-3
定価／3,630円（税10%）

ケアする人をケアする本
医療スタッフのための人間関係力
著：岡山 ミサ子

援助職が働く医療現場は、医師、管理者、先輩、同僚、患者など360度人間関係といわれ、臨床の悩みよりも人間関係に疲れ果て、離職しまう人も多いと聞きます。担当の患者様・利用者様をケアするためには、まずは疲れ切ってしまった自分自身のケアが必要です。ケアする人（あなた）をケアし、働く職場を安心安全な「場」にする方法をお伝えします。

A5判176ページ／ISBN 978-4-905241-88-1
定価／2,090円（税10%）

自宅でできる！
運動療法カード BOOK
監修：志垣 健一朗・田中 一秀

個々の体力に合わせた運動を **47** 種ご提案

昨今のコロナ禍において高齢者の体力低下が懸念され、個々の体力に応じた「健康づくりのための身体活動（生活活動・運動）」が推奨されています。本カードでは、日常的に焦点を置き、自宅で簡単にできる運動を「上肢編」「下肢編」「体幹編」に分け、体力に合わせた難易度別に全47種類のエクササイズを紹介しています。

A5判48枚／ISBN 978-4-905241-86-7
定価／1,980円（税10%）

卵子の大切な話
女性活躍推進の本質
著：井沢かおり　監修：山室 理

9/16 発行

2022年4月より「女性活躍推進法」は、義務化の対象が101人以上の事業主に広がることになりました。
どのような社会を目指すのか、多様な働き方が問われる中、本書では、女性特有の出産や不妊治療から多様な働き方まで、男女問わずさまざまな経歴や職種の方のインタビューを通して、産業保健師である著者が女性活躍推進の本質についてお伝えします。

A5判112P／ISBN 978-4-910393-50-6
定価／2,530円（税10%）

定期刊行誌

小児リハビリテーション

いまだから知りたい、こどものリハビリテーション

医療技術の向上により、医療福祉を必要とする子どもたちの数は以前より増えています。それに伴い、リハ分野に求められる役割は大きくなり、個別性の高い子どもたちへ柔軟な対応が求められます。そこで、今回の特集は「生活場面の発達スケール」シリーズとして、生活の中での【活動】を取り上げ、小児ならではの子どもたちの成長を見据えた生活のサポートのあり方をお伝えします。

年間特集　生活場面の活動の発達

※特集タイトルは予告なく変更の可能性がございます。予めご了承くださいませ。

単品価格
2,750円（税10%）（送料別）

定期購読
7,500円（税・送料込）
年3冊

B5判／
年3回発行（7月・11月・翌3月）

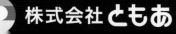
株式会社ともあ

Webからのお申込ページはこちら

株式会社ともあ　検索

https://www.tomoa.co.jp/

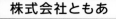

好評発売中　2021年8月30日 発刊

重症心身障害児者ファーストに
“今何をすべきか”
セラピストの指針となる1冊

Amazonランキング
小児科学部門
第1位
2021.9.12時点

実践に基づく
重症心身障害児者の
理学療法ハンドブック

 編著　金子断行　花井丈夫
　　　　平井孝明　染谷淳司

01　概　論

豊富な治療エピソードをもつ
経験20年以上の理学療法士による執筆陣

執筆者一覧（敬称略、順不同）

編集・執筆
金子 断行　花井 丈夫　平井 孝明　染谷 淳司

執筆
榎勢 道彦　海瀬 一典　奥田 憲一　高塩 純一
齋藤 大地　辻 清張　要 武志　中 徹
宮本 久志　押木 利英子

実践に基づく
重症心身障害児者の理学療法ハンドブック
発行元:株式会社ともあ／B5判／本文2色／250P
ISBN 978-4-910393-51-3

お申し込みは
こちら
tomoa-books.jp

好評発売中
定価　4,950円
（本体4,500円＋税10%）

ISBN978-4-910393-07-0
C3347　￥2000E
定価　2,200円（本体2,000円＋税10%）

9784910393070　　1923347020007